중국 문화콘텐츠에서 문사철(文史哲)을 읽다

중국 문화콘텐츠에서 문사철(文史哲)을 읽다

김진영·최성경·서재선·공봉진·이강인·박미정·조윤경·장지혜 지음

2022년은 한국과 중국이 정식으로 수교를 맺은 지 30년이 되는 해이다. 30년이면 강산이 세 번 바뀌는 시기인데, 한중 관계는 변한 듯 변하지 않았다. 국제정치의 변화 속에서 한중 관계는 국제 관계의 변화에 따라 가까워지기도 하고 멀어지기도 하였다.

중국은 1949년 중국공산당에 의해 건국된 이후 사회주의체제를 유지하고 있다. 중국은 1978년 12월에 개최되었던 제11차 3중전회에서 개혁개방을 천명하며 문호를 개방하였고, G2 지위에 오르는 경제발전을 일구었다. 하지만 정치체제는 여전히 변함이 없고, 오히려 중국 공산당의 지위가 더욱 강화되고 있다.

한국과 중국은 기원전부터 교류해 왔다. 특히 문화 교류는 양국의 문명 발전에 영향을 주었다. 고대 한국 지식인들은 고대 중국으로 유학을 간 고대 한국의 지식인들이 가지고 온 서적들이나 사신 혹은 상인들을 통해 들여온 서적들을 탐독하면서 중국의 사상과 문학을 잘 알고 있었다. 그러나 중국이 공산화되고, 남북이 분단되면서 양국의 교류는 중단되었다.

양국의 교류가 재개되기 시작한 것은 1983년 중국 비행기의 춘천 불시착 사건부터이다. 이 사건으로 양국이 교류를 시작하는 물꼬가 트이긴 했지만, 실질적인 교류는 노태우 대통령의 북방정책이 실시되면서부터였다. 양국은 스포츠·문화 등을 중심으로 교류를 하기 시작하였다. 그러다가 1992년 8월 24일 한국과 중국이 정식으로 수교를 하면서 본격적으로 교류를 하기 시작하였다. 이 시기의 중국은 덩샤오핑(鄧小平)이 남방 지역을 시찰하면서 개혁개방을 더욱 강화해야 한다고 보수색채를 띤 지도자들에게 경고를 주었던 때이다.

2004년 한국에 공자학원이 세계 최초로 개설되었을 때, 중국에서는 한국에 교사를 파견하여 중국어와 중국문화를 가르치고자 하였다. 하지만 한국에는 이미 중국어와 중국문학을 전공한 지식인들이 많이 있었기 때문에 중국의 뜻대로 되지 못하였다.

한국에서는 중국과의 무역 교역이 활발해지기 시작하면서 중국과 관련된 전공 분야도 조금씩 달라지기 시작하였다. 기존에는 중국문학과 철학을 전공한 사람들이 많았으나 점차적으로 줄어들기 시작하였고, 최근에는 중국문학과 철학을 전공하는 사람은 소수에 불과하다. 또 중국 역사를 전공하는 사람도 많지 않은 편이다.

그런데 현대 중국뿐만 아니라 중국이라는 나라를 전반적으로 잘 알고자 한다면 중국문학과 철학 및 역사를 소홀히 하여서는 안 된다. 특히 중국문학은 중국에서 제작되고 있는 많은 문화콘텐츠들의 주요 제재가 되고 있다. 문학작품 속에 역사·철학·문화·정치 등이 녹아들어 있기 때문이다.

중국에서는 문학작품뿐만 아니라 인물들도 문화콘텐츠의 주요 제재로 쓰여지고 있다. 그런데 인물들 중에는 우리가 익히 알고 있는 사상가도 있고 역사가도 있으며 위정자도 있다. 문화콘텐츠를 어떻게 제작하느냐에 따라 이들에 대한 형상과 이미지도 달라진다. 문화콘텐츠를 감상하는 사람들이 그러한 인물들에 대해 잘 알고 있지 못하다 보면, 만들어진 결과물을 그대로 믿게 되는 결과를 초래한다. 문화콘텐츠를 제작하는 사람들이 어떤 의도를 갖고 어떻게 만드느냐에 따라 인물들을 잘 알 수도 있지만, 왜곡된 내용을 접할 수도 있다.

작가와 감독의 상상력이 지나치게 표현되어 만들어진 결과물들이 특정 인물이나 역사를 왜곡하는 사례들도 적지 않다. 또 작가와 감독이 원하든 원하지 않든 독자들은 결과물을 보고 해석을 하고 분석을 한다. 그렇기 때문에 최종적으로 만들어진 결과물에 대한 평가가 작가나 감독이 의도한 것과 다르게 나타나기도 한다. 만약 영화나 드라마 등 다양한 문화콘텐츠를 접할 때 기본적인 지식을 갖고 있으면, 감상할 때 많은 도움이 될 것이다.

이 책에서 소개하는 내용은 영화나 드라마 및 애니메이션으로 제작된 작품을 분석하기보다는, 그러한 작품의 원형이라 할 수 있는 역사적 사건과 인물, 그리고 문학작품들을 다룬다. 현재 매체가 다양하다 보니 작품들도 쉽게 접할 수 있다. 이러한 작품들 중 몇 개의 작품들을 선택하여 거기에 담겨 있는 내용은 무엇이고, 어떠한 작품을 제재로 하여 제작하였는지 살펴보았다. 이 책은 문화산업에서 중국의 문학 역사 철학을 탐독할 수 있는 책을 만들었다는 데 의미를 가진다.

끝으로 출판을 할 수 있게 도움을 주신 경진출판 양정섭 대표님께 감사드린다.

2021년 8월 20일
대표저자 김진영

차례

제3부 사(史)

제1부 문화콘텐츠

文化
콘텐츠

1. 문화산업의 태동과 변화

중국은 1978년 12월 18일에 개최되었던 제11차 3중전회에서 개혁개방을 선언하였다. 중국이 문호를 개방하면서 중국 문화시장은 1978년부터 1991년 사이에 초보적으로 형성되었다. 이 시기에 중국공산당의 전통적인 구호인 "문화는 프롤레타리아를 위해서, 정치를 위해서 봉사해야 한다"가 사라지기 시작하였다. 그리고 "문화는 인민을 위해서, 사회주의를 위해서 봉사해야 한다"라는 새로운 방침이 확정되었다.

1980년 2월에 개최되었던 전국 문화국 국장회의에서 「문화사업 체제를 제도적으로 확고히 개혁하고, 경영관리제도를 개혁하자」라는 문건이 채택되었다. 이때 소규모 문화조직이 경영과 손익을 스스로 책임지게 되는데, 그 결과로 중국 사회에 디스코장, 가라오케홀, 전자게임홀 등이 나타났다.

이후 중국 대중들의 문화산업에 대한 인식과 소비성향이 변하기 시작하였다. 일반 대중들은 점차적으로 오락성과 다양성을 요구하기 시작하였고, 소비를 통해 적극적으로 참여하는 태도를 보였다.

'문화시장'이라는 개념은 1988년에 발표되었던 「문화시장 관리 업무의 강화에 관한 통지」에서 처음 등장하였다. 이는 국가정책에서 문화시장의 합법적 지위가 공식적으로 인정받았음을 의미하는 것이다. 이에 따라서 중국정부는 1989년에 '문화시장관리국'을 설립하여 전국의 문화시장 관리시스템을 구축하기 시작하였다.

1992년 덩샤오핑(鄧小平)은 남순강화(南巡講話)를 통해 지속적인 개혁개방을 강조하였다. 이에, 중국정부는 문화시장 육성 정책들을 수립하면서 중국의 문화시장화는 급속히 진전되었다. 1992년 중국정부는 「제3차 산업 발전을 가속화하기 위한 결정」을 발표하였다. 이때 문화산업은 제3차 산업에 정식으로 지정되었다.

중국에서 '문화산업'이란 말은 1994년 『중국문화보』에서 처음으로 사용되었다. 그 이전에는 "문화는 문화선전사업 등으로 사상을 강화하는 수단 정도"로만 인식하였다. 1998년에는 '문화산업처'가 문화부 산하에 설립되었다. 2000년에 개최되었던 제15차 5중전회에서는 「국민경제와 사회발전의 제10차 5개년 계획 제정에 관한 의견」이 통과되었는데, 여기에서 '문화산업'이라는 개념이 중앙정부의 문서에서 처음 공식적으로 언급되었다.

2002년에 개최되었던 제16차 전국대표대회에서 장쩌민(江澤民)은 「전면 샤오캉 사회 건설, 중국 특색 사회주의 사업의 신국면」이라는 보고를 하였다. 이때, "문화의 힘이 민족의 활력, 창의력과 응집력에 뿌리를 두고 있다"고 하며 문화건설의 전략 의미를 강조하였다. 이때 '문화사업'과 '문화산업'을 명확하게 구별하였다. '문화사업'이라는 말은 공산당이 계획하고 실행하는 문화와 관련된 일을 가리킨다.

중국에서 문화는 공산당이라는 상부 조직이 하부 인민에게 시행하는 일련의 기획이 상의하달 방식으로 이뤄지는 '현상'이다. 중국공산당은 2009년에 '문화산업'을 진흥해야겠다며 「문화산업진흥계획」을 발표하였다. 이는 문화산업이 국가의 전략적인 산업이 되었다는 것을 상징한다.

2011년에 개최되었던 제17차 6중전회에서 「중공중앙의 문화체제개혁을 심화하고 사회주의 문화대발전대번영을 추진하는 약간의 중대 문제에 대한 결정」이 통과되었다. 이때 회의 주제는 '문화건설'이었다. 이후 중국에서는 문화굴기라는 말이 지속적으로 등장하였다.

중국은 2010년부터 인터넷 불법 복제물을 단속하기 시작하였고, 지식재산권을 보호하기 시작하였다. 특히 음악, 영상, 문학, 온라인 게임, 애니메이션 등의 정품화를 추진하는 「검망행동(劍網行動, 인터넷 저작권 불법침해 행위를 검열하는 정책)」을 실시하였다. 이후 매년 "검망행동"을 진행하고 있다.

시진핑(習近平) 정부가 들어선 후에는 '사회주의 문화강국 건설'을 강조하면서, 중국의 전통문화뿐만 아니라 소수민족 문화에 대한 관심이 고조되었다. 그리고 대외인문교류를 진행할 때 소수민족의 비물질 문화유산을 공연하거나 전시하게 되는데, 이때 중국정부에서는 이를 중화문명이라고 소개하고 있다.

시진핑 정부에 들어와 문화사업과 문화산업 발전을 위해 지역마다 다양한 정책을 실시하고 있다. 2015년 11월 19일, 중국 문화부 홈페이지에 「2015년 사회주의핵심가치관 홍양을 위한 만화영화 지원계획」의 20개 산품류(産品類) 항목과 40개의 창의류(創意類) 항목 명단을 발표하였다. 이는 문화부가 애니메이션 창작산업에 지원을 하는데, 애니메이션을 통해 주선율(主旋律)의 역할을 하도록 하였다.

2. 문화콘텐츠에서 중국을 보다

중국의 문화콘텐츠는 문학, 드라마, 영화, 애니메이션, 게임, '인터넷+'(인터넷문학 등), 도서, 연극, 뮤지컬, 테마파크 등 다양하다. 그러나 중국의 문화콘텐츠 제작은 중국공산당의 통제를 받고 있다.

중국 문학과 드라마는 한국에도 많이 알려져 있고, 여러 매체를 통해 쉽게 접할 수 있다. 1992년 중국과 정식으로 수교를 맺은 후 2021년 현재까지 많은 중국 드라마들이 한국에 수입되었고, 〈황제의 딸〉과 〈랑야방: 권력의 기록〉, 〈의천도룡기(倚天屠龍記)〉(2019) 등은 많은 인기를 얻었다.

2003년에는 무협소설가 진용(金庸)의 무협극이 최고 인기를 얻었다. 진용의 주요 작품은 『사조영웅전(射雕英雄傳)』, 『신조협려(神鵰俠侶)』, 『의천도룡기』, 『서검은구록(書劍恩仇錄)』, 『천룡팔부(天龍八部)』, 『연성결(連城訣)』 등이 있다. 2008년 12월 29일 베이징에서 중국 드라마 최고 30년이라는 행사가 열렸다. 이때 '가장 영향력 있는 드라마 30'과 '가장 영향력 있는 인물 30'을 선정하였다. 진용의 『천룡팔부』가 가장 영향력 있는 드라마 30 중에 포함되었다. 이때 5대 명저 중 『삼국연의』·『서유기』·『홍루몽』도 포함되었다.

한편, 중국의 지방정부도 중국 문학작품과 관련된 사업을 실시하고 있다. 대표적인 사례가 산둥성 양구현(陽谷縣)과 린칭현(臨淸縣)이다. 이들 지역은 문학작품과 관련된 문화상품 개발을 진행하였다.

산둥성 양구현의 「중공 양구현위, 양구현 인민정부의 전 현 서비스업의 진일보 발전 가속화에 관한 의견」(2006)에는 "『수호전』·『금병매』 등 역사 명저의 문화가 담겨 있는 내용을 중점적으로 발굴하고, 『수호전』, 고운하(古運河) 등 두 개 관광 라인과 양구(陽谷) 옛 성 브랜드를 진일보 강화하며, 전면적으로 관광업을 발전시킬 것"을 명확하게 규정하고 있다. 규정 내용에는 "수호(水滸)문화유람구, 송대 민풍(民風)민속 상업유람구, 금병매(金甁梅) 문화유람구(서문경西門慶 옛집) 등 3대 풍경구"가 포함되었다.

린칭현은 「린칭시 문화산업발전규획(2009~2015)(臨淸市文化産業發展規劃(2009~2015年))」에서 "『수호전(水滸傳)』, 『금병매』, 『노잔유기(老殘游記)』, 『삼언이박(三言二拍)』 등을 대표로 하는 명저 문화 구축"을 강조하며 현의 도시 문화 관광브랜드를 금병매 고향과 운하 명성으로 규정하였다.

2003년 국가체육총국은 게임경기를 정식으로 99번째 스포츠 종목으로 정식 승인하였다. 2004년 중국 최초의 동영상 전문 사이트인 '러스왕(樂視網)'이 정식으로 설립하였다. 2009년 중국 인터넷방송국(CNTV)이 정식적으로 업로드 되었다.

중국 애니메이션 업계는 실물 경제 주체와의 비즈니스 교류를 위한 노력을 지속적으로 하고 있다. 난파이산수(南派三叔) 작가의 인기 웹소설인 『도묘필기(盜墓筆記)』는 애니메이션 게임으로 제작하였다.

2014년을 전후해 중국 영화계에서는 기존의 문학작품이나 연극, 뮤지컬 등을 각색하여 영화로 만드는 현상이 두드러지게 나타났다. 이렇게 제작된 영화를 IP영화라고 불렀다. 즉, IP영화는 지식재산권(intellectual property rights)을 가진 기존의 창작물을 전환하여 제작한 영화를 일컫는다. 대개는 기존의 문학작품이나 연극, 뮤지컬 등의 예술작품을 영화로 각색하는 경우를 지칭한다.

대표적인 중국 IP영화로 '소시대(小時代)' 시리즈가 있다. 이 작품은 소설가 궈징밍(郭敬明)의 동명 소설을 궈징밍이 직접 각색하고 감독한 것이다. 상하이를 배경으로 네 여성의 우정과 사랑을 그린 영화로,

2013년 6월 제1편이 개봉된 이후, 2013년 8월, 2014년 7월, 2015년 7월까지 잇달아 제작되었다. 1편은 제작비 2,350만 위안에 박스오피스 4억 8,300만 위안으로 흥행에 성공하였고, 2015년 7월에 개봉한 제4편 역시 4억 8,700만 위안으로 흥행하며 'IP영화'의 성공모델이 되었다. 이밖에도 라오쉐만(饒雪漫)의 동명소설을 각색한 영화 〈왼쪽 귀(左耳)〉가 있다.

중국에는 중대제재드라마라는 용어가 있다. 이 말은 '중대 혁명역사 제재(題材) 드라마'를 일컫는 말로 "세계에 중국을 알리고 중화민족의 형상과 민족정신 및 그 문화를 드러내는 중요한 창구 역할을 하는 드라마"로 주선율 드라마의 주요 유형이라 할 수 있다. 주로 공산당 창당 시기부터 항일 및 국공내전, 대장정에서 중화인민공화국 건국에 이르기까지의 격동의 현대사와 관련된 주요사건 및 인물에 관한 내용을 다룬다.

21세기에 들어와서 주선율 드라마의 정의는 "사회주의 이상에 대한 신념을 고취함과 동시에 개인의 역량을 발휘할 수 있도록 하여 개인의 발전이 사회의 발전에 기여할 수 있도록 한다"는 내용으로 변화 및 확장되었다.

중국공산당 중앙선전부에서는 중앙서기처의 비준을 얻어 1987년 '중대혁명역사제재영상창작소조'(이하 '창작소조')를 설립하였다. '창작소조'는 혁명과 건국에 관한 현대사 관련 제재의 드라마를 다른 특별 관리하는 것으로 관련 제작자들의 역사의식과 사상에 관한 지도와 관리, 기획과 제작에 관한 거시적 관리, 심사에 관한 관리 등을 포함하고 있다.

'창작소조'는 주선율 영화와 드라마를 포함한 영상물을 모두 관리하다가 텔레비전 드라마의 생산량이 증가하고 그 영향력이 증대됨에 따라 창작소조 하에 '드라마소조(TV드라마 분조)'를 따로 두어 주선율 드라마를 관리하였다. 이러한 관행은 지금까지 이어지고 있으며 주선율 드라마에 대한 특별 관리부서와 규정이 별도로 존재하고 있다.

1980년대 중반부터 생겨난 '주선율'의 본래의 주지는 중국 사회주의가 걸어온 길에 대한 역사적 서술과 혁명 이상주의에 대한 지속적 선전과 이데올로기의 공고화에 있었다. 최근 주선율 드라마의 변화 양상을 구체적으로 살펴보면, 영웅 중심의 서사와 역사적 사실 기록으로서의 전형적 형식을 탈피하여 평범한 인물들의 다양한 이야기를 통해 민족의 역사적 기억을 재구성하고 국가와 개인의 관계를 새롭게 창출하고 있다.

최근에 방영되었던 대표적인 주선율 드라마로는 〈인민의 이름으로 (人民的名義)〉(2017, 52집)가 있다. 이 드라마는 반부패 수사극으로 국가 관료들의 부정부패와 비리를 고발하고 그들을 법의 심판대에 세워 정의 구현을 실현하는 내용이다. 2000년대부터 사상안전 강화의 목적으로 인해 중국에서는 부조리극을 보기 힘들어졌다. 그러다가 2010년대로 오면서 다시 볼 수 있게 되었다. 2013년 미국의 〈하우스 오브 카드〉가 중국 인터넷 플랫폼에서 인기를 끌었고, 2011년 10월 5일 메콩강 중국인 선원 납치 살해 사건을 모티브로 해 2014년 제작된 드라마 〈메콩강 사건(湄公河大案)〉 이후 반부패 수사극이 다시 주목받게 되었다. 〈인민의 이름으로〉는 오락적 재미와 탄탄한 구성으로 이루어진 드라마이다. 중국공산당은 이 드라마를 통해 부패척결과 사회 정의 구현을 실현하는 이미지로 쇄신하고자 하였다.

2009년 중국의 방송과 신문보도에 대해 절대 권한을 갖고 있는 광전총국은 「광전총국 연속극 규범언어사용에 관한 통지」를 지방 성정부에 보내었다. 주요 내용은 "TV연속극에 등장하는 지도자가 사투리

(방언)를 사용하는 것을 금지하는 것"이었다. 중국 전문가들은 이 조치가 '하나의 중화민족' 이데올로기를 내걸고 위구르 사태를 수습하려는 중국 정부의 의지가 담긴 것으로 받아들인다.

중국에서 TV연속극에 사투리 사용이 금지된 것은 2005년부터다. 그러나 이후에도 지역마다 다른 말을 사용하는 중국의 방송국은 사투리를 사용한 연속극을 만들어 왔다. 중국에서 인기를 모으는 TV연속극인 〈나의 단장 나의 부대(我的團長我的團)〉에서는 베이징, 둥베이(東北), 후난(湖南)·광둥(廣東)·산시(陝西)성 사투리를 쓰는 지도자들이 등장한다.

중국공산당 주도 하에 건국된 중국은 당대의 이데올로기의 영향을 받아 영화 드라마 애니메이션 등이 제작되는 경우가 많다. 그리고 정부의 관여와 통제로 제한되는 주제가 많고, 제작된 후에도 상영이나 방영이 되지 않는 경우가 많다.

중국의 영화와 드라마 중에는 중국이 현재 처한 상황과 앞으로 나아갈 방향을 제재로 한 작품이 많다. 작가와 감독이 의도적이든 의도적이지 않든 결과적으로는 중국 정부가 말하고자 하는 바가 영화와 드라마에 투영되어 있다. 대표적인 사례가 드라마 〈염석전기(廉石傳奇)〉이다. 〈염석전기〉가 방영될 때, 시진핑 정부는 부정부패 척결을 진행하고 있었다. 그러다보니 중앙기율검사위원회는 〈염석전기〉를 매우 높게 평가하였다.

중국에서 제작되고 있는 드라마, 영화, 애니메이션을 보면 중국의 역사와 문학 작품을 소재로 하고 있음을 알 수 있다. 중국의 역사와 문학 작품을 알면 드라마, 영화, 애니메이션 등의 문화콘텐츠를 쉽게 접할 수 있고, 다양한 스토리텔링을 알 수 있게 된다.

3. 중국 문사철(文史哲)을 알아야 중국을 안다

한국과 중국이 수교를 맺기 이전까지 한국 대학에서 중국과 관련된 학과는 주로 중어중문학과와 중국어과가 대부분이었다. 수교를 맺은 뒤에는 조금씩 변하기 시작하였다. 중국 정치와 중국 경제 및 중국 통상과 관련된 강좌가 늘어나기 시작하였다. 중국어를 배우는 학생들이 증가함에 따라 중국어 관련 수업들도 늘어났다. 그런 과정에서 중국 역사와 문학에 대한 학생들의 관심은 많이 적어졌고, 중국을 전공하는 연구자들도 중국어와 중국통상에 쏠리는 현상이 나타났다. 이에 따라 중국 문학·철학·역사 등의 분과학문을 공부하는 사람들이 급속하게 줄어들었다.

많은 사람들이 통상이나 어학 분야를 전공하기 시작하였다. 이러한 분위기는 취업과도 밀접한 관련이 있다고 할 수 있다. 2021년 현재 중국 관련 학과의 교과과정을 보면 중국 문학·철학·역사 관련 교과목은 매우 적은 편이다. 반면, 문화콘텐츠와 문화원형이라는 용어를 사용한 교과목이나 관련된 교과목이 조금씩 보이고 있다.

결국, 문화콘텐츠와 문화원형이라는 교과목을 통해 중국의 문학·역사·철학을 공부할 수 있도록 하는 방안이 모색되어야 한다. 특히 문학작품에는 철학이 있고, 역사가 있고 정치가 있고 사회가 있고 문화가 있다. 문학작품은 종합적이라 할 수 있다. 물론 모든 문학작품이 그런 것은 아니지만, 대부분은 그러하다. 중국의 고대 문학을 읽다 보면 역사·정치·철학 등을 알 수 있다.

문학작품을 원저로 하는 드라마·영화·애니메이션·게임 등이 많이 제작되고 있다. 또 역사드라마이기는 하지만 원저를 보면 대체적으로 문학작품이 많다. 그러다보니 실재 역사와 허구를 구분하지 못하는 일이 발생하기도 한다. 그렇기 때문에 역사를 소재로 하는 드라마와 영화인 경우에는 실재 역사 사건을 토대로 하여 제작되었는지 아니면 각색이 된 문학작품을 원저로 하여 제작되었는지를 확인할 필요가 있다. 예를 들면,『조씨고아』를 소재로 한 드라마와 영화가 많이 있다.『조씨고아』라는 얘기가 드라마와 영화에서 전개될 때 내용들이 조금 다르다. 사마천의『사기』와 원대 잡극『조씨고아』에 적혀 있는 내용을 기반으로 하면서, 작가의 상상력을 통해 새롭게 만들어지고 있는 것이다.『조씨고아』는 드라마와 영화로만 제작되어지는 것이 아니라 연극·애니메이션·뮤지컬 등으로도 제작되고 있다.

『서유기』는 영화나 드라마 및 애니메이션 등 다양한 콘텐츠로 제작되었다. 특히 영화에서 주성치의 '서유기' 시리즈는 사람들로부터 인기를 얻었다.『서유기』는 당 태종 시기의 현장법사가 인도로 불경을 구하러 가는 기행문이 사람들의 입으로 구전되면서 명대에 소설로 만들어졌다.『서유기』에는 당나라 초기의 상황을 알 수 있고 종교를 알 수 있다. 오늘날 중국에는『서유기』와 관련된 테마파크도 만들어졌다. 장쑤성 롄윈강(連雲港)은『서유기』에 나오는 손오공의 고향으로 잘 알려져 있다. 롄윈강 시에는 화과산(花果山)이 있다.

한편, 2021년과 2022년은 한국과 중국의 문화교류의 해이다. 1999년 HOT가 중국에서 인기를 얻기 시작하면서 한류의 붐이 일기 시작하였다. 그리고 한국 드라마가 중국에서 인기를 얻기 시작하면서 한류는 최고조에 이르렀다. 하지만 2016년 사드 배치로 인해 한국과 중국의 문화교류는 거의 중단되다시피 하였다. 2020년에 이르러 조금씩 문화교류가 풀리는 듯하였으나, 코로나19로 인해 다시 냉각상태이다. 비록 중국에서는 한국의 문화콘텐츠가 거의 중단되었지만, 한국에서는 그렇지 않다. 한국에서는 중국 드라마나 영화 등이 지속적으로 소개되고 있다. 또 유튜브 등에서 중국 문화콘텐츠를 쉽게 접할 수 있어서 중국과는 상황이 매우 다르다고 할 수 있다.

2021년에 들어와서 여전히 미국과 중국 간의 무역 갈등이 존재하고 있고, 미국이 대만을 하나의 국가로 인정하는 문제 등은 여전히 한국에게도 영향을 주고 있다. 그럼에도 불구하고 한국과 중국 간의 문화교류는 예전처럼은 아니지만 활발하게 진행될 것으로 보고 있다.

제**2**부 문(文)

2006년 세계의 리더들이 추천하는 중국 필독서는 공자(孔子)의 『논어』, 손자(孫子, 손무孫武)의 『손자병법』, 루쉰(魯迅)의 『아큐정전(阿Q正傳)』, 노자(老子)의 『도덕경』, 마오쩌둥(毛澤東)의 『어록』, 조설근(曹雪芹)의 『홍루몽』이다. 이와 관련하여, 『뉴욕시보』는 세계의 많은 국가 지도자와 대기업 CEO 등이 중국을 이해하기 위해 반드시 읽어야 할 중국 명작과 현재 많은 사람들에게 중국 필독서로 읽히고 있는 작품으로 『논어』를 비롯해 6권을 선정하였다.

한편, 중국에서 2007년에 실시된 제5차 전국 국민열독조사의 결과가 2008년에 발표되었다. 결과에 의하면, 무협소설의 대가인 진용(金庸)이 인기 순위 1위를 차지하였다. 진용을 비롯하여 루쉰, 츙야오(琼瑶), 한한(韓寒), 궈징밍(郭敬明), 지아핑아오(賈平凹), 위치우위(余秋雨), 빠진(巴金), 라오서(老舍), 구룽(古龍)은 독자들이 좋아하는 10명에 선정되었다. 제4차 조사와 비교하면 크게 차이가 없지만, 빙신(冰心)과 조설근이 빠지고 대신에 한한과 궈징밍이 10명의 작가로 선정되었다.

2010년 베이징에 소재하고 있는 한 출판사에서는 바이예(白燁), 천쥔타오(陳駿濤), 니페이겅(倪培耕), 허샤오쥔(賀紹俊) 4명의 문학가를 초빙하여 총 책임자로 삼았다. 그리고 레이다(雷達), 홍즈청(洪子誠), 셰몐(謝冕), 청광웨이(程光煒), 양쾅한(楊匡漢), 장중(張炯) 등 문학평론가·교수·작가·시인 등 25명을 초청하여 "중국 현당대 저명 문학전문가 비평선 위원회(中國現當代著名文學專家評選委員會)"라는 전문가 집단을 구성하였다. 이들은 "중국 20세기의 60명 문학 대가"를 선정하였다. 맨 처음에 선정할 때, 당시 영향력 있는 100명의 작가 중 현대문학가 6명인 '루궈마오빠라오차오(魯郭茅巴老曹: 루쉰, 궈징밍, 마오둔, 빠진, 라오서, 차오위)'를 비롯하여 원이둬(聞一多)·쉬즈모(徐志摩)·아이칭(艾青)·장커쟈(臧克家)·구청(顧城)·하이즈(海子)·베이다오(北島)·슈팅(舒婷) 등의 시인, 천중스(陳忠實)·루야오(路遙)·지아핑아오·모옌(莫言)·위화(余華) 등의 당대 작가, 진용·구룽(古龍)·량위성(梁羽生) 등의 무협소설가를 포함시켰다. 최종적으로 선정된 1위는 루쉰이었다. 그 뒤를 이어 "장아이링(張愛玲)·션총원(沈從文)·라오서·마오둔·지아핑아오·빠진, 차오위(曹禺)·첸종슈(錢鐘書)·위화"였다. 무협소설가 진용은 저우쭤런(周作人)과 함께 공동 15위를 차지하였고, 노벨문학상을 수상한 모옌은 12위를 차지하였다.

한국에서는 위화의 소설이 독자들로부터 많은 사랑을 받고 있다. 교보문고의 집계를 통해 중국 작가들의 작품 순위를 살펴보면, "위화－진용－모옌－퉁화(桐華)－얼위예허(二月河)"의 순으로 나타났다.

위화의 소설 중 『허삼관매혈기』는 한국에서 영화로 제작되었는데, 하정우 감독이 주연을 맡은 〈허삼관〉이다. 또 『훠저(活着)』를 원작으로 한 영화 〈인생〉이 한국에서 상영되었을 때도 관객들로부터 좋은 평가를 얻었다. 위화의 뒤를 이어, 진용이 한국독자들로부터 사랑을 받았다. 진용의 작품 중 '『영웅문』 시리즈'로 불리는 『사조영웅전』, 『신조협려』, 『의천도룡기』가 많은 사랑을 받았다. 진용의 많은 작품들이 영화와 드라마로 많이 제작되었기 때문에 대중들은 진용의 작품을 많이 알고 있다. 3위는 2012년에 노벨문학상을 수상한 모옌이다. 모옌의 작품 중『개구리』,『홍까오량 가족』등이 인기를 얻었다.

제1장 춘추시대부터 청대까지

1. <조씨고아>와 원대 잡극(雜劇)

산시(山西)성 위현(盂縣)은 중국의 4대 비극의 하나인 『조씨고아(趙氏孤兒)』 이야기가 배경이 된 곳이다. 이곳에서 감독과 주요 출연진, 고위 공직자 및 지역주민이 모여 <조씨고아> 촬영을 기념하는 성대한 축하연을 열었다. 위현의 장산(藏山, 본명은 위산·盂山)은 정영(程嬰)이 조씨고아 조무(趙武)를 숨겨 15년 동안 은거한 곳으로 알려졌다. '장산'이란 이름도 조무가 '숨어살던 곳'이란 뜻으로 붙여졌다. 장산은 국가 4A급 관광경구(旅游景區)로 오대산(五臺山), 시바이포(西柏坡)와 낭자관(娘子關) 사이에 있다.

그리고 조무를 기리는 '문자사(文子祠)', 정영과 공손저구(公孫杵臼)를 기리는 사당이 세워져 있다. 문자사 부근에는 춘추전국시대의 역사를 알 수 있는 '춘추전국성(春秋戰國城)'이 지어져 있다.

1) 영화와 드라마

『조씨고아』를 소재로 한 드라마 와 영화는 많이 있다. 또 애니메이션 으로도 제작되었고, 경극, 조극(潮 劇), 진강(秦腔), 예극(豫劇), 월극(越 劇) 등 수많은 지방희로 각색되기도 하였다. 인리촨(尹麗川)이 동명의 현 대극으로 각색하였고, 2003년에는

진하이수(金海曙)가 동명의 소설을 출간하였다.

드라마로는 중국 CCTV-1에서 2013년 3월 17일부터 동년 4월 10 일까지 방영된 〈조씨고아〉가 있다. 이 드라마는 한국에서도 여러 차 례 방영되었는데, 2021년에도 방영되 었다.

영화로는 2010년에 천카이거(陳凱歌) 가 감독한 〈천하영웅(Sacrifice)〉이 있 다. 이 영화는 『조씨고아』를 제재로 한 것으로서 중국에서의 영화 제목명은 〈조씨고아(Sacrifice)〉이다.

한국에서는 〈조씨고아, 복수의 씨앗〉 이라는 제목의 연극이 2015년에 처음 공연되었다. 2020년 국립극단 70주년 에서 관객들이 가장 보고 싶은 연극으

로 〈조씨고아, 복수의 씨앗〉이 꼽혔다.

2010년에 상영되었던 영화 〈천하영웅〉의 줄거리를 살펴보면 다음과 같다.

춘추시대 진(晉)나라, 양공(襄公)이 죽은 뒤 왕위에 오른 영공(靈公)은 조순(趙循)의 간언을 듣지 않고 방탕한 생활을 하였다. 영공이 간언을 듣지 않자 조순은 직위에 물러났다. 조순의 형제 조천(趙穿)이 영공을 죽이고 성공(成公)을 왕으로 추대하였고, 조순의 아들 조삭은 성공의 누이와 혼례를 치렀다. 이 일로 대장군 도안고(屠岸賈)는 조순 가문에 원한을 갖게 되었다.

성공이 죽은 뒤 경공(景公)이 왕위에 오르자 도안고는 권력을 장악하고, 조순이 영공 시해의 주범이라고 여기고 조순 가솔 300여 명을 몰살하였다. 이때 조삭 아내는 성공의 누이에다가 임신 중이였기 때문에 죽이지 못하였다. 대신에 도안고는 조삭의 아내를 자기 집안에 감금하였다가 출산하면 아이를 죽일 생각을 하였다. 그러나 조삭 아내는 평소 문객이었던 정영의 도움을 받아 아들 조무를 빼내는 데 성공하였다. 아이를 빼돌렸다는 사실을 안 도안고는 3일 내 고아를 찾아내지 못하면 고아와 같은 또래 아이를 모두 죽이겠다며 명령하였다.

정영에게도 고아와 같은 또래의 아들이 있었다. 정영은 공손저구와 의논한 뒤 자기 아들을 고아로 속여 공손 가문에 보냈다. 그러고는 도안고에게 공손 가문에서 고아를 숨기고 있다고 알려주었다. 결국 정영의 아들은 도안고에게 죽임을 당하였고, 정영은 고아를 아들처럼 길렀다. 정영과 공손저구의 도움으로 고아는 목숨을 건졌고, 도안고는 이러한 사실을 모른 체 고아를 수양아들로 삼기까지 하였다. 도안고는 정영의 도움이 없었다면 조씨 가문을 멸족시켜 주군의 원한을 풀지 못했을 것이라 여겼다.

　20년이 흐른 뒤, 고아는 정영에게 모든 사실을 듣고 복수를 다짐하였다. 도공(悼公)이 즉위하였지만 여전히 도안고가 권력을 장악하고 있었다. 고아는 도안고를 죽이고 가문의 원한을 풀고, 조무라는 본래 이름도 되찾았다.

2) 원대 잡극과 작가 기군상

　『햄릿』에 비견되는 작품이라 일컬어지는 『조씨고아』는 춘추시대의 한 실제 사건을 재창조한 원대 잡극이다. 그런데 드라마 〈조씨고아〉와 영화 〈천하영웅〉은 원대 잡극인 『조씨고아』를 원작으로 하지만, 전개되는 내용은 약간 다르다.

　청대 왕국유(王國維)는 『송원희곡고(宋元戲曲考)』에서 관한경(關漢卿)의 『두아원(竇娥冤)』과 함께 『조씨고아』를 "세계의 유명한 비극과 비교하더라도 손색이 없는 작품"이라고 평가하였다.

　원대 작가 기군상(紀君祥)은 『좌전(左傳)』, 『국어(國語)』, 『사기』 등의 서적에서 제재를 얻었고, 입으로 전해 오는 정영의 조씨고아 보존 이야기를 근거로 하여, 가공을 더해 새롭게 창작하였다. 송나라 때 역대 황제들은 정영과 공손저구 등의 인물에게 존호를 봉하고, 사당을 건립하여 충의를 표창하였다. 그런데 송나라는 요·금·원과 끊임없이 전쟁을 치렀고, 원의 공격을 받아 멸망하였다. 작가는 민족멸시정책을 실시한 원나라에 복수를 할 수 있도록 하기 위해, 창작 제재를 오랜 동안 전해 내려오는 〈조씨고아〉 내용을 취하였다.

　기군상은 기천상(紀天祥)이라고도 한다. 기군상의 생몰연대는 명확하지 않다. 다만 『녹귀부(錄鬼簿)』에 정정옥(鄭廷玉)·이수경(李壽卿) 등과 동 시대 사람으로 기록되어 있는 것을 근거로, 기군상이 13세기 후반 원 세조(世祖) 지원(至元) 연간(1264~1294)에 활동했던 사람으로 추정하기도 한다. 기군상의 작품은 잡극『여피기(驪皮記)』,『판차선(販茶船)』,『송음몽(松陰夢)』,『조씨고아』,『한퇴지(韓退之)』,『조백명착감장(曹伯明錯勘贓)』6종이다. 현재에는『조씨고아』완정본과『송음몽』곡사(曲詞) 1절(折)만이 남아 있다.

3)『조씨고아』의 내용

2011년 제3차 국가급 비물질문화유산에「조씨고아전설」이 포함되었다.『조씨고아』의 내용은『좌전』,『사기』의「조세가(趙世家)」, 유향(劉向)의『신서(新序)』「절사(節士)」와『설원(說苑)』「복사(復思)」등에 실려 있다. 또『동주열국지』와 남희(南戱)『조씨고아 원보원(寃報寃)』등에도 등장한다.

원 잡극『조씨고아』와 동일한 제재의 작품으로는 남희의『조씨고아기(趙氏孤儿記)』와 명대 전기(傳奇)인『팔의기(八義記)』, 청대 지방희(地方戱)인『팔의도(八義圖)』등이 있다. 중국이 건국된 이후에는 극이 개편되어 연출된 작품들이 생겨나게 되었다. 이는 진강(秦腔)과 경극의 영향력이 비교적 컸기 때문이다.

『조씨고아』의 줄거리를 살펴보면 다음과 같다.

춘추시대 진(晋)의 대신 조순은 양공을 보좌하여 나라를 부강하게 이끌었다. 양공이 죽은 뒤 아들 영공이 뒤를 이었다. 영공은 정사는 돌보지 않고 향락에 빠졌다. 조순은 여러 차례 간언하였지만, 영공은 듣지 않았다. 이에 조순은 조정을 떠났다. 후에 조순의 형제 조천(趙穿)이 영공을 살해하고 영공의 동생인 성공을 왕으로 추대하였다. 이때 조순도 조정에 복귀한다.

한편, 조순의 아들 조삭은 성공의 누이와 결혼한다. 성공이 죽자 아들 경공이 즉위한다. 당시 대부였던 도안고는 영공의 총애를 받았던 인물이었다. 영공 시해사건 이후 도안고는 조씨 가문에 대해 원한을 갖고 있었다. 경공이 즉위하자 도안고는 경공에게 영공 시해사건을 언급하며, 주모자가 조순이라고 음해하였다. 도안고는 왕족을 능멸한 죄로 조씨 가문의 멸족을 간청하였다. 당시 조순은 이미 세상을 떠난 뒤였다. 경공은 조순의 아들 조삭을 포함하여 조씨 일가 300여 명을 멸족시켰다.

그러나 조삭의 부인만은 살려두었다. 그녀가 성공의 누이였기 때문에 죽이지 못하였다. 도안고는 임신 중이던 그녀를 가두어 놓고 아이가 태어나는 즉시 죽이고자 하였다. 하지만 아이가 태어났을 때 조삭의 친구이자 의원이던 정영이 아이를 약상자에 숨기고는 사라졌다. 도안고는 아이가 사라진 것을 알고 사흘 안에 고아를 찾지 못하면 전국의 갓난아이를 모두 없애버리겠다고 하였다. 당시 정영에게도 갓 낳은 아들이 있었다.

정영은 조삭의 문객으로 조삭에게 깊은 호의를 입었던 공손저구와 상의하여 아이를 바꿔치기하기로 하였다. 정영이 자신의 아이를 공손저구의 집으로 보낸 다음 도안고에게 공손저구가 조씨의 고아를 숨기고 있다고 밀고하기로 한 것이다. 조삭의 아이를 살리기 위해 정영은 자신의 아들을 내놓고, 공손저구는 자신의 목숨을 내놓은 것이다.

목숨을 건진 조삭의 아들 조무는 자신의 신분을 숨긴 채 정영의 아들로 자라났다. 게다가 조금의 의심도 받지 않고 도안고의 양아들이 되었다. 도안고는 조씨의 마지막 씨앗인 조무를 제거했다고 여기고, 이 일에 공이 큰 정영을 우대하였다. 그의 아들을 자신의 양아들로 삼아 자신의 곁에 두고 키웠다.

20여 년이 지난 뒤 조무는 청년이 되었고, 어느 날 정영으로부터 사건의 진상을 듣게 되었다. 모든 사실을 알게 된 조무는 복수를 하고자 하였다. 후에 도공이 즉위하자 조무는 대신 위강(魏絳)의 도움으로 도안고를 죽이고 조씨 집안의 원한을 갚을 수 있었다.

4) 세계로 나간 『조씨고아』

『조씨고아』는 18세기부터 외국에 소개되어 영어와 러시아어, 독일어, 프랑스어 등으로 번역되어졌다. 프랑스 선교사가 1731년 광저우(廣州)에서 『중국비극 조씨고아』란 이름으로 프랑스어 번역본을 만들었고, 1734년과 1735년에 파리의 잡지에 이 번역본을 싣자 유럽에서 큰 반응을 얻었다. 프랑스 작가 볼테르는 이 번역본을 토대로 1753년부터 1755년까지 『조씨고아』를 각색하여 『중국의 고아(中國孤兒)』라는 이름의 극본을 완성한 뒤, 1755년 8월 20일 파리의 각 극장에서 공연을 시작하였고 큰 성공을 거두었다.

한국에서는 2006년 극단 미추의 창단 20주년 기념작으로 공연되는 등 여러 극단에서 무대에 자주 올렸다. 2015년 11월 4일 명동예술극장에서 〈조씨고아, 복수의 씨앗〉이라는 제목으로 공연되었었다. '동양의 햄릿'이라 찬사받는 『조씨고아』를 고선웅이 직접 각색하고 연출하였다.

공연은 조씨 가문 300명이 멸족되는 재앙 속에서 가문의 마지막 핏줄인 조삭의 아들 '고아'를 살리기 위해 자신의 자식까지 희생하게 되는 비운의 필부 '정영'을 중심으로 이야기가 전개된다. 많은 사람들의 희생 끝에 살아남은 고아 '정발'을 자신의 자식이자 도안고의 양자로 키우며, 20년 동안 복수의 씨앗을 길러낸 정영은 마침내 도안고에게 복수를 행한다. 국립극단 관계자는 "연극은 복수 끝에 씁쓸한 공허만이 남는 그의 인생을 보여주며 과연 '복수란 무엇인가?'라는 근원적인 질문을 던진다"며 "또한 흥미진진한 고전 읽기의 기회를 제공할 것"이라고 말하였다. 이 연극은 2017년 3월 24일부터 이틀간 대전예술의 전당 아트홀에서 공연하였다.

2. <수당연의>와 소설 『수당연의』

『수당연의(隋唐演義)』는 청대 소설가 저인획(褚人獲, 1635~1682)이 명대 나관중(羅貫中, 1330?~1400, 혹은 1315~1385 추정)이 지은 수·당 시기를 배경으로 한 역사소설이었던 『수당지전(隋唐志傳)』의 영향을 받아 쓴 소설이다. 남북조시대 말기와 수나라의 건국을 시작으로 하여 당나라의 건국, 그리고 당나라 현종 시기(안사의 난 포함)까지 구성되어 있다.

수나라의 건국과 멸망 그리고 당나라의 흥망성쇠를 다룬 문학작품은 많은 편이고, 이러한 문학작품을 제재로 한 문화콘텐츠도 많이 있다. 특히 소설 『수당연의』를 제재로 한 드라마와 영화가 많은데, 대표적인 드라마는 <수당연의>이다. 그리고 모바일 RPG(Role Playing Game의 약자이다. 게임 이용자가 게임 프로그램에 등장하는 한 인물의 역할을 맡아 직접 수행하는 방식이다.) 무협게임인 <혈투>는 『수당연의』 내용을 기반으로 하는 퓨전 무협게임이다.

1) 드라마 〈수당연의〉

한국에서 2013년 이후, 여러 차례
방영된 중국 드라마 〈수당연의〉는
589년 수와 당나라를 배경으로 하
였고 수나라 2대 황제인 양제(煬帝)
의 이야기를 다룬 62부작 역사 드라
마이다.

당시 제작비와 시청률이 모두 역대 최고였다. 제작비만 500억 원(인
민폐 2.8억 위안)에 이르는 드라마 〈수당연의〉는 저장·산둥·허베이·둥
팡·선전 5개 방송사에서 동시에 방영되었다. 그리고 동시간대 평균
시청률이 최고 5%까지 올랐는데, 이는 당시 역사극 중에서 최고시청
률이었다.

드라마 〈수당연의〉는 수나라 말 혼란한 폭정을 일삼는 수 양제를
몰아내기 위해 각 지역에서 영웅들이 결집하여 대항한 내용을 중심으
로 전개하였다. 당나라를 세운 이연(李淵)과 이세민(李世民) 부자가 등
장한다. 드라마에서의 주인공은 북제(北齊) 장수인 숙보 진경(秦瓊)이
다. 진경은 의협심이 강하고 재물을 아끼지 않는 사나이 대장부이다.
와강채(瓦崗寨)의 대원수였다가 나중에 이세민의 수하가 된다. 진경은
이세민을 따라 유무주(劉武周), 왕세충(王世忠), 두건덕(竇建德)을 토벌
하는데 큰 공을 세운다. '현무문(玄武門)의 변' 때 진경은 이세민이 이
건성(李建成)과 이원길(李元吉)을 죽이는 데 가담한다.

2) 작가 저인획

청대 문학가인 저인획(褚人獲, 1635~1682)은 장쑤성 창저우(長洲, 오늘날 쑤저우(蘇州)) 사람이다. 자는 가헌(稼軒) 또는 학헌(學軒)이고, 호는 석농(石農) 또는 몰세농부(沒世農夫) 등이다. 저인획은 평생을 과거에 응시하거나 벼슬을 하지는 않았지만 여러 방면에 재능이 있었다. 주요 작품으로는『수당연의』,『견호집(堅瓠集)』,『독사수필(讀史隨筆)』,『퇴가쇄록(退佳瑣錄)』,『속해집(續蟹集)』,『정갑고(鼎甲考)』,『성현군보록(聖賢群輔錄)』등이 있다. 대표작인『수당연의』는 영웅전기(英雄傳奇)와 역사연의(歷史演義)라는 중의적인 성격을 띤 소설이다.

저인획은 쑤저우에서 유명하였는데, 당시 유명 작가들과 교류를 활발하게 하였다. 대표적인 인물로는『장생전(張生殿)』의 작가 홍승(洪昇, 1645~1704),『삼국지연의』를 평(評)하는 일로 즐거움을 삼았다는 모종강(毛宗崗, 1632~1709), 문학가 우동(尤侗, 1618~1704), 사인(詞人) 고정관(顧貞觀, 1637~1714), 한림원공목(翰林院孔目)을 지낸 장조(張潮, 1650~1709?), 시인 서가(徐柯, 1627~1700) 등이 있다. 이 중 모종강은 오늘날 일반적으로 알고 있는『삼국지(삼국지연의)』를 정리한 작가이다. 모종강은 문장을 다듬어 120회로 정리하고 매회 자신의 평론을 더한『삼국지연의(일명 모종강본)』를 지었는데, 이 책이 다른 책을 압도하고 정본이 되었다.

저인획은『견호집』에서 두부를 예찬하였는데, "두부에는 10개의 덕이 있다."고 말하였다. 그 중에서 많이 알려진 내용으로는 "한 푼으로도 살 수 있다고 하는 검덕(儉德)과 콩국을 마시면 보신이 된다는 후덕(厚德)"이 있다.

3) 소설 『수당연의』

수당의 이야기는 중국 민간에 광범위하게 전해져 내려왔다. 수당
역사를 제재로 삼은 희곡과 소설 그리고 설창(說唱)문학이 적지 않다.
원 잡극에는 『단편탈삭(單鞭奪槊)』·『노군당(老君堂)』 등이 있고, 설창문
학에는 『대당진왕사화(大唐秦王詞話)』가 있다.

『수당연의』는 나관중의 역사소설 『수당지전』을 청대 작가 저인획
(褚人獲)에 의해 내용이 더해져 '연의소설(演義小說)'의 형태로 정착되
었다. 제목에 '연의'가 붙어 있어서 보통은 연의소설에 포함된다. 연의
소설은 역사적 사실을 바탕으로 하되 허구적인 내용을 덧붙여 흥미
본위로 쓴 통속 소설을 말한다.

『수당연의』는 전편 100회로, 수제(隋帝)가 진(陳)을 정벌하는 데서
시작한다. 그리고 주(周)가 제위(帝位)를 수에 양도하고, 수는 또 다시
당(唐)에 의하여 멸망된 내용으로 전개된다. 그리고 당대 측천무후(則
天武后)가 황제를 칭호한 것이나 안녹산(安祿山)의 난 때, 현종(玄宗)이
촉(蜀)으로 피난을 가고, 양귀비(楊貴妃)가 마외파(馬嵬坡)에서 군사들
에 의하여 죽은 일도 적고 있다. 소설은 양귀비가 죽은 후 현종이
도사를 시켜 귀비의 혼을 찾아보도록 하였고, 귀비가 원래 수 양제(煬
帝)의 애인이었던 주귀아(朱貴兒)의 화신이었음을 알게 되었다는 데서
이야기는 끝이 난다.

『수당연의』의 창작과정에서 직간접적으로 사용된 저본으로 밝혀
진 문학작품은 다음과 같다.

먼저 『수당양조지전(隋唐兩朝志傳)』이다, 이 작품은 12권 120회로 이
루어져 있는데, 수나라 말부터 당나라 말 희종(僖宗)까지를 배경으로
하여 적고 있다. 저자는 나관중이고, 1619년에 간행되었다.

다음은 『당서지전통속연의(唐書志傳通俗演義)』이다. 이 작품은 8권 89절로 구성되어 있는데, 수나라 양제 대업(大業) 13년부터 당 태종 정관(貞觀) 19년까지를 배경으로 하여 적고 있다. 수나라가 멸망하고 당나라가 건립하는 과정을 적고 있는데, 작품 끝부분에는 당 태종이 고구려를 정벌한 것을 적고 있다. 명대 가정(嘉靖) 32(1553)년에 만들어진 양씨(陽氏) 청강당본(清江堂本)이 존재한다.

셋째는 『대당진왕사화(大唐秦王詞話)』이다. 이 작품은 8권 64회로 구성된 장회소설(章回小說)이다. 대략 명대 만력(萬曆) 천계(天啓) 연간에 간행되었다. 저자는 명의 제성린(諸聖鄰)으로 알려져 있을 뿐, 자세한 사항은 알 수 없다. 이 작품은 『당진왕본전(唐秦王本傳)』, 『소진왕사화(小秦王詞話)』, 『진왕연의(秦王演義)』라는 제명으로도 불렸다.

『대당진왕사화』는 수나라 양제가 대업 13년에 이연을 태원유수(太原留守)로 봉하는 조서를 내린 것을 시작으로 이야기가 전개된다. 수나라 말 군웅들의 할거를 배경으로 삼아 이세민이 반기를 들어 천하를 통일하는 줄거리를 중심으로 서술되어 있다. 그리고 이세민이 황제에 등극하여 돌궐족과 위수(渭水)에서 맹약을 맺은 데까지 적고 있다. 이 작품은 '명(明)간본(刊本)'과 '청(清)간본'이 존재한다. 이 작품은 조선후기에 전래되었는데, 『당진연의(唐晉演義)』로 국문 번역되었다.

넷째는 『수양제염사(隋煬帝艷史)』이다. 『수당연의』의 초반부를 구성하는 저본인 『수양제염사』는 8권 40회로 구성되어 있으며, 작자는 미상이다. 이 작품은 수양제가 제위를 찬탈한 후, 방탕하고 사치스런 생활을 일삼으며, 백성들을 핍박하여 결국 나라를 망친다는 내용이다. 마지막에는 폭정을 이기지 못해 봉기한 백성에게 사면초가로 몰린 양제가 자살하여 일생을 마감한다는 내용을 적고 있다.

『수양제염사』는 송대의 전기소설인 『미루기(迷樓記)』, 『해산기(海山

記)』,『개하기(開河記)』등의 줄거리를 근거로 하였고, 정사(正史)와 여러 사료를 참조하였는데, 현존하는 판본은 명 숭정(崇禎) 3년(1630)에 간행되었다.

다섯째는 『수사유문(隋史遺文)』이다. 이 작품은 12권 60회로 구성되어 있다. 편찬자 원우령(袁于令, 1599~1674)은 희곡 작가로 명말 청초의 장쑤성 우(吳)현 사람이다. 원우령의 작품으로는 『음소각전기(吟嘯閣傳奇)』다섯 종류와 『장생악(長生樂)』, 『서옥기(瑞玉記)』등이 있다. 『수사유문』에는 진왕(秦王) 이세민이 천하를 쟁취하는 것을 주요 줄거리로 삼아 개편하였는데, 『통감강목(通鑑綱目)』의 편년(編年)에 따라 전개하고 있다. 특히 진경을 주인공으로 삼아 영웅소설적 성격을 띠고 있다. 『수사유문』은 수당계통의 여러 소설들의 성과를 흡수하였다. 그 중에서 수나라 양제가 운하를 만들고, 백성들을 괴롭힌 일들은 대부분 제재를 『수양제염사』에서 취하였다. 위지공(尉遲恭) 이야기는 주로 『대당진왕사화』에서 관련 있는 부분을 흡수하였다.

『수사유문』의 48회부터는 이연이 봉기하여 왕세충과 두건덕을 물리치는 이야기를 묘사하고 있다. 단웅신(單雄信)을 사귀는 이야기, 유주(幽州)에서 아가씨를 만나는 이야기, 연병장에서 무술시합을 하는 이야기 등을 통하여 진경, 단웅신, 라성(羅成), 정교금(程咬金) 등 영웅의 정의로운 마음을 묘사하고 있다.

3. <철치동아 기효람>과 『열미초당필기』

1) 드라마 <철치동아 기효람>

드라마 <철치동아 기효람(紀曉嵐)>은 청나라 대학자인 기윤(紀昀, 1724~1805)을 제재로 하였다. 기윤의 자가 효람(曉嵐)이다. 기윤은 조선의 학자와도 교류가 깊었다. 특히 조선 후기의 인물인 홍양호(洪良浩, 1724~1802)와 서신을 주고받을 정도로 교류가 깊었다. '해내신교(海內神交)'라는 말이 있는데, "국경을 초월한 사귐"을 의미하는 것으로 조선의 홍양호와 청나라의 기윤 간 우정을 일컫는 말이다.

드라마 제목에 나오는 '철치동아(鐵齒銅牙)'는 "철과 동으로 된 이빨"이란 뜻으로, "말주변이 아주 좋음"을 의미한다. 드라마에 등장하는 주요 인물은 기효람을 비롯하여 건륭제(乾隆帝)와 화신(和珅)이 있다. 건륭제는 청나라 최대 전성기를 이룬 황제로 평가받는다. 건륭제의 영토 확장, 건륭제와 관련된 전설과 문화 등은 널리 알려져 있다. 사서에 의하면, 기윤은 건륭제 시기에 만연하기 시작한 부패와 용감히 맞선 청렴한 관리로 기록되어 있다. 화신은 탐관(貪官)으로 유명하다. 드라마에서 기효람은 탐관인 화신에 맞서 지혜로운 인물로 나오고, 황제 앞에서도 담배를 즐겨 피우는 인물로 등장한다.

하지만 드라마를 제작할 때, 기윤의 후손들이 드라마 제작팀을 고

소한 적 있다. 그 이유는 기윤의 성인 기(紀)의 발음이 틀렸다는 것이다. 한 글자에 2~3개 혹은 4개 이상 발음을 갖고 있는 경우도 있다. '紀' 역시 'jǐ'와 'jì', 즉 성조가 3성과 4성의 발음을 갖고 있다.『설문해자(說文解字)』에는 '紀'가 성으로 사용될 경우, 반드시 3성인 'jǐ'로 읽어야 한다고 되어 있다. 하지만 드라마에서는 처음부터 끝까지 4성인 'jì'로 발음하였다. 드라마뿐만 아니라 일반 매체에서도 발음을 4성인 'jì'로 하고 있었다.

2) 작가 기효람

기윤은 허베이 헌현(獻縣) 사람으로, 청대 건륭제 시기의 인물이다. 기효람의 아버지 기객서(紀客舒)는 유명한 고증학자였다. 기효람은『사고전서』의 편집 책임을 맡았는데,『사고전서』는 전적들을 총 정리한 것이다.『사고전서』는 경사자집(經史子集) 4개 부분에 걸쳐 3천 5백여 종으로 거의 8만 권에 달한다.

기효람은 4살에 글을 배우기 시작하였고, 기억력이 뛰어났으며, 문학에 능통하고 시에 능해 '신동'으로 불렸다. 31살에 과거에 합격해 황궁의 역사, 문학 연구기관인 한림원에 벼슬하였다.

민간에서는 기효람이 탐관 화신에게 맞서 싸운 이야기들이 전해내려 오고 있었다. 건륭제가 화신을 총애하고 신임을 하다 보니, 화신의 권력이 날로 강해졌는데, 이에 맞서 싸운 사람이 기효람이었다.

기효람은 필기체 소설인『열미초당필기(閱微草堂筆記)』(1798)를 썼다. 이 소설은 40만 자에 달하는데, 기효람이 수집한 민간전설과 사회 기문 등의 1200여 편의 이야기가 수록되어 있다.

3) 소설 『열미초당필기』

드라마 〈철치동아 기효람〉은 『열미초당필기』를 원작으로 하고 있다. 『열미초당필기』의 원래 이름은 『열미필기』였다. 총 24권의 1100여 조의 이야기가 수록되어 있다. 내용은 귀신·풍속·시문·전고·서화 등에 관한 것으로 괴이한 이야기가 주를 이루고 있다. 글을 쓰게 된 목적은 귀신을 빌어 인과응보를 설명하고 봉건도덕을 선양함으로써 세상을 교화하는 데 두었다.

기효람이 문진각(文津閣)에서 『사고전서』를 편수할 때, 보관되어 있던 수많은 금서 등의 서적을 접한 뒤 내용을 취하여 기록한 것이 『열미초당필기』이다. 『열미초당필기』는 픽션을 철저히 배제한 엄격한 기록 정신으로 편찬된 괴담집이다. '열미초당'은 기효람의 서재이름이고 '필기'란 '수필이나 기록류의 글'을 가리키는 말이다.

기효람이 『열미필기』를 기록해둔다는 사실이 화신에게 발각되어 위험에 처하였다. 이때 왕정(王丁)이라는 의사(義士)가 화신이 수색하기 전날 밤에 문진각에 숨어들어, 『열미필기』를 꺼내어 쌍탑산에 묻었다고 한다. 덕분에 기효람은 멸문지화를 피하게 된다. 그런데 책을 묻었던 왕정이 갑자기 사망함에 따라, 『열미필기』는 사라지게 되었다. 현재 전해지고 있는 『열미초당필기』는 『열미필기』가 사라진 후 기효람이 자신의 기억에 의존하여 다시 쓴 것이다.

『열미초당필기』에 수록된 글을 몇 개 소개하면 다음과 같다.

『열미초당필기』에는 "서역의 과일 중에 투루판(吐魯番)에서 나는 포도보다 맛난 것이 없고, 하미(哈蜜)에서 나는 하미과(哈蜜瓜)보다 맛난 것은 없다"라고 되어 있다.

『열미초당필기』에는 책만 보고 현실을 무시한 유우충(劉羽沖)에 관한 이야기가 있다. 유우충은 창주(滄州) 사람인데 우리 고조부이신 후제공(厚齋公)께서 늘 그와 어울리셨다. 이 사람은 개성이 아주 강하고 고집스러우며 옛 제도를 담론하길 좋아하였다. 그러나 이런 생각은 현실과는 부합되지 않아 실행하기에는 곤란하였다. 어느 날 유우충이 우연히 옛 병서(兵書)를 구해 읽어본 후 자칭 10만 대군을 통솔할 수 있다며 큰소리를 쳤다. 마침 부근에 토비(土匪)들이 소란을 피우자 스스로 지방군대를 훈련시켜 토비에 대항하였다. 그러나 막상 전투에 들어가자 전 부대가 궤멸되었고 하마터면 자신도 토비들에게 사로잡힐 뻔하였다.

또 한 번은 우연히 수리(水利)에 관한 고서를 구해 몇 년 동안 진지하게 읽고 연구하였다. 그런 후 자칭 천리(千里)의 토지를 모두 비옥한 농경지로 만들 수 있다고 큰소리를 치면서 물을 다스리는 수로(水路)의 설계도를 그려 주관(州官, 주를 관할하는 책임자)을 찾아갔다. 마침 주관도 현실보다는 큰 공을 세우길 좋아하는 사람이라 그의 말에 흥미를 느꼈다. 주관은 그에게 시험 삼아 한 고을을 정해 도랑과 수로를 만들어 보게 하였다. 마침 유우충이 공사를 끝낸 직후 큰 홍수가 닥쳤는데 방금 완성한 도랑이 모두 물에 넘쳐 큰 수재(水災)가 발생하였다. 이런 일을 겪은 후 그는 늘 우울해하면서 두문불출하였다. 그는 머리를 갸웃거리면서 "옛사람이 어찌 나를 속인단 말인가?"라고 하면서 탄식하였다. 매일 이 말을 되뇌길 수천 번씩 하였다. 오래지 않아 그는 병에 걸려 세상을 떠났다. 그런데 어찌나 한이 맺혔던지 죽은 후에도 달밤만 되면 자신의 무덤 앞에서 머리를 갸웃거리며 이 말을 중얼거리는 그의 혼백을 볼 수 있었다고 한다.

『열미초당필기』에 '낭자야심(狼子野心)'이라는 말과 관련된 이야기가 나온다. '낭자야심'은 "사나운 이리가 가지고 있는 야성의 본능은 어쩔 수 없다"는 뜻이다. '낭자야심'은 겉으로는 친한 척하지만 속으로는 예측할 수 없는 야심을 가진 사람을 빗대어 자주 사용하는 말이다. 이 고사의 내용을 살펴보면 다음과 같다.

어느 부자가 우연히 이리 새끼 두 마리를 얻어서 자신이 키우는 개와 함께 키웠다. 어느 날 주인이 대청마루에서 잠을 자고 있는데, 개들이 사납게 짖는 소리가 들렸다. 이상하다고 생각하고 주인은 몰래 잠이 든 척하고 지켜보았다. 그러자 이리 두 마리가 주인이 잠이 든 것을 확인하고 주인의 목을 물려고 다가왔고, 개들은 필사적으로 이리들이 주인 곁으로 못 가도록 짖는 것이었다. 주인은 일의 전후를 깨닫고 자신이 잠든 사이에 자신의 목을 물려고 한 이리를 죽여 버렸다.

4) 기효람의 시

기효람이 친구 어머니의 생신을 축하하는 자리에서 지은 시구도 널리 알려져 있다. 그 내용을 살펴보면 다음과 같다.

왕한림(王翰林)이 어머니의 생신을 축하하는 자리에 기효람을 초대하여 축사를 부탁하였다. 기효람은 축사 대신에 시를 읊었다.

기효람은 손님들을 향해 "이 할망구는 사람도 아니네"라고 하였다. 노부인이 듣자마자 낯빛이 변하였고, 왕한림도 매우 난처해 하였다. 기효람은 침착하게 두 번째 구인 "하늘나라 선녀가 속세에 내려왔네"라고 읊으니, 잠시 분위기 좋아졌고, 다퉈 칭찬을 하였다. 노부인도 기분이 좋아졌다. 기효람이 이어 큰 소리로 세 번째 구인 "아들을 낳았더니 도적이 되었네"를 읊었다. 손님들은 아무 말도 하지 못하였고, 좋았던 분위기는 난감해졌다. 기효람이 네 번째 구인 "하늘나라 선도를 훔쳐 어머니께 바치네"라고 하니, 모두 곧 환호하기 시작하였다.

4. <천서기담>과 『평요전』

1) 문화콘텐츠로서의 『평요전』

2019년에 상영되었던 중국 영화 〈평
요전(平妖傳): 전설의 요괴 사냥꾼(Lege
nd of Great Ming)〉은 2018년에 제작되
었다. 이 영화의 중국명은 〈대명평요
전(大明平妖傳)〉이다. 감독은 궈샤오촨
(郭小川)이고, 주연 배우는 류위(劉煜),
우싱젠(吳幸键), 류첸원(劉倩文), 랑펑(郞
峰) 등이다.

줄거리는 명나라 시기에 정체를 알
수 없는 요괴들이 출몰하여 천하를 어지럽히고 있는 가운데, 나라의
금괴가 도난당하는 사건이 발생한다. 조사 결과, 국고의 관리를 맡고
있는 '허대인'이 범인으로 밝혀지고, '허대인'의 제자인 '좌대인'은 사
건이 요괴들과 관련이 있다고 직감하고 스승을 구하기 위해 요괴 사
냥꾼들인 금오위에 도움을 청한다.

드라마 〈평요전〉(2021)은 후추시(胡儲玺)가 감독하였고, 마오샤오통
(毛曉彤)과 천뤄셴(陳若軒) 등이 출연한 고장극(古裝劇, 옛날 의상을 입는
드라마라는 의미로 사극뿐만 아니라 무협·신화·판타지·타임슬립 등 고대를
시대 배경을 고대로 설정한 드라마를 말함)이다. 나관중의 작품을 풍몽룡
(馮夢龍, 1574~1646)이 개작한 작품인 『삼수평요전(三遂平妖傳)』을 근거
로 하여 만들었는데, 여우쿠(Youku)에서 방영되었다. 이 드라마는 호
영아(胡永兒, 마오샤오통 분)와 김승욱(金承煜, 천뤄셴 분)이 흩어져 있는

천서(天書)를 찾기 위해 고생을 하는 과정에서 사랑이 싹트는 이야기를 그리고 있다.

『평요전』과 관련된 애니메이션으로는 〈천서기담(天書奇譚)〉이 있다. 이 작품은 왕슈천(王樹忱)과 첸윈다(錢運達)가 감독한 것으로 1983년에 제작되었다. 이 작품은 중국의 세 번째 장편 애니메이션이다. 천궁에 있는 원공(袁公)이 천서를 세상에 전달하고 단생(蛋生)에게 도술을 전수하여 백성들을 이롭게 한다는 내용을 담고 있다. 〈천서기담〉은 고전을 기반으로 하여 희극적 색채가 충만하고 전개가 빠르다.

천궁의 '비서각(秘書閣)' 집사인 원공은 옥황상제가 연회에 간 틈을 타서 석문을 열고 천서를 빼돌려 운몽산(雲夢山) 백운동(白雲洞) 석벽 위에 내용을 새겨 넣는다. 원공은 천기를 누설한 죄로 평생토록 석벽을 지키는 벌을 받는다.

어느 날 원공은 단생을 만나 천서의 내용을 전달하기 위해 향로를 피워 주위에 연막을 친 다음 단생에게 백지로 석벽의 내용을 탁본하도록 시킨다. 단생은 원공의 분부대로 내용을 탁본한다. 원공은 단생에게 내용을 열심히 연마하여 백성들을 도울 것을 당부한다. 이에 단생은 원공의 부탁을 그대로 실천한다. 여우 요괴는 단생이 자신을 방해하자 천서를 훔칠 음모를 꾸미고 관청과 결탁하여 백성을 괴롭힌다.

단생은 천서를 지키기 위해 여우 요괴와 여러 차례 싸움을 벌인다. 둘이 싸움을 벌이고 있을 때 원공이 나타나 천서를 거두고 품에서 흰색 석경(石鏡)을 꺼내 여우 요괴를 비췄고, 여우 요괴는 결국 운몽산 아래에서 죽게 된다. 원공은 하늘의 심판을 피할 수 없으리라 예상하고 천서를 단생에게 건넨 뒤 내용을 모두 암기토록 시킨다. 그 후 원공은 천서를 불태워 없애고 하늘로 불려가 벌을 받는다.

한편, 타이완의 게임업체인 즈관(智冠)에서는 2000년에 『평요전』을
바탕으로 RPG(Roll Playing Game)를 만들어 시판하였다.

2) 작가 나관중과 풍몽룡

『평요전』의 작가는 나관중이다. 이후 풍몽룡이 증보하여 간행하였
다. 『삼국지연의』를 집필한 것으로 알려져 있는 나관중은 원말 명초
의 산시(산서)성 사람이다. 관중(貫中)은 자(字)이고, 이름은 본(本)이다.
호는 호해산인(湖海散人)이다. 풍몽룡은 오늘날 장쑤성 쑤저우시 사람
이고, 자는 유룡(猶龍), 호는 용자유(龍子猶), 묵감재주인(墨憨齋主人) 등
이다.

나관중은 여러 차례 과거시험에 응시했으나 합격하지 못하였다.
부친을 따라 산시성에서 소금 장사를 잠시 하였다. 이후 찻집을 드나
들며 허송세월을 보냈다. 찻집에서는 삼국 희곡을 즐겨 들었는데, 이
내용을 외워 집필한 것이 『삼국지연의』이다. 민간에서 구전으로 전해
내려오던 삼국시대의 이야기를 『삼국지통속연의(三國志通俗演義)』로
정리하였다.

나관중은 원나라 말, 반란군 지도자였던 장사성(張士誠)의 부대에
있었던 것으로 전해 내려오는데, 『삼국지연의』에 등장하는 적벽대전
의 묘사는 주원장(朱元璋)과 진우량(陳友諒)의 전투를 바탕으로 하였다
고 한다. 나관중의 작품으로는 『수당양조지전(隋唐兩朝志傳)』, 『잔당오
대사연의(殘唐五代史演義)』, 『삼수평요전』, 『수호전전(水滸全傳)』, 잡극
『송태조용호풍운회(宋太祖龍虎風雲會)』가 있다.

풍몽룡은 명대 문학가이며 희곡작가이다. 지현으로 재직하였으며,
이후 귀향하여 저술·편찬·교정 등을 하였는데, 특히 통속 문학 분야

의 업적이 뛰어나다. 형 풍몽계(馮夢桂), 동생 풍몽웅(馮夢熊)과 더불어 '오하삼풍(吳下三馮)'으로 재능을 떨쳤다. 양명학자 이탁오(李卓吾)의 영향을 받아 개성과 감정을 존중하고 가식적인 예교에 대해 비판적인 입장을 취하였다. 그리하여 정통문학보다 소설·희곡·민가 등 통속문학의 창작·수집·정리·편집 등에 대해 관심을 갖고 큰 업적을 남겼다.

풍몽룡의 작품으로는 『삼언(三言)』인 『유세명언(喩世明言)』, 『경세통언(警世通言)』, 『성세항언(醒世恒言)』이 있으며, 『평요전』이나 『열국지(列國志)』와 같은 개작(改作) 등이 있다.

3) 소설 『평요전』

『평요전』은 민간 전설 및 시정전통(市井流傳)의 화본(話本)을 근거로 하여 정리한 장편 신마소설(神魔小說)이다. 신마소설이란 신선이나 귀신이 등장하는 환상적인 세계를 다루는 소설을 의미한다. 이와 관련하여, 루쉰은 신마소설을 "명대의 양대 주류 중 하나이며, 송대 이후 도교와 불교가 성행하면서 유(儒)불(佛)도(道) 삼교(三敎)가 상호 영향을 끼쳤던 명대의 사회 환경 속에서 탄생한 장르"라고 하였다.

『평요전』은 처음에는 원·명 시기에 『동원나관중 편차(東原羅貫中編次)』라는 제목의 20회(回)만 있었다. 풍몽룡의 증보개편을 거쳐 명말 이래로 통용되는 40회(回)본이 되었고, 명대 만력(萬曆) 48년에 간행되었다.

『평요전』은 송대 인종(仁宗) 시기에 허베이성에서 발생하였던 왕칙(王則, ?~1048)의 난을 기본적인 줄거리로 하고 민간의 전설들을 결합한 이야기이다. 『평요전』의 원제는 『북송삼수평요전』이다. 『평요전』은 '왕칙의 난'이라는 역사적 사실을 다루면서, 인간과 요괴의 싸움이라는 비현실 세계를 다루었다.

역사에서 왕칙은 1047년에 안양제국(安陽帝國)을 세웠다. 하지만 1048년에 멸망되었고, 왕칙은 참수를 당하였다. 일설에는 왕칙이 도망을 갔기에 끝이 어떻게 되었는지 알 수 없다고 한다. 그런데 소설에서는 왕칙이 나라를 세우고 5년 6개월을 다스린 것으로 되어 있다.

『평요전』에 등장하는 인물과 사건은 대부분 허구이다. 주요 내용은 다음과 같다.

주나라 경왕(敬王) 시기에 오나라와 월나라 사이에 전쟁이 발생하였다. 전쟁 때 구천현녀(九天玄女)는 처녀로 변하여 월나라가 오나라를 토벌하도록 도왔다. 그리고 운몽산의 흰원숭이(白猿)를 거둬 제자로 삼았다. 옥황상제는 흰원숭이에게 구천비서(九天秘書)를 관장하도록 하였다. 그런데 흰원숭이는 직무를 이용하여 구천비서 속의 '여의책(如意冊)'을 훔쳤다. 또 그 중의 도법을 백운동(白雲洞)의 벽에 새겼다. 이 사실을 안 천계에서는 뇌신(雷神)을 보내어 백운동군(白雲洞君)을 체포하였다. 천계의 재판 결과 백운동군은 그 벌로 이름을 백원신(白猿神)으로 개명하고, 천서의 내용이 외부로 흘러나가지 않도록 백운동을 지키는 파수꾼 일을 맡게 되었다.

송대 함평(咸平) 시기에, 쓰촨(四川) 안덕부(安德府) 재동촌(梓童村)에 사냥을 하는 조일(趙壹) 부부가 살고 있었다. 늘 호정(狐精)이 소동을 부렸다. 한 번은 조일이 활을 쏘아 호정을 죽이고자 하였다. 여우의 어미 성고고(聖姑姑)는 익주(益州) 태의(太醫)가 있는 곳으로 가 아들을 구하고자 하였다. 화의(火醫)는 성고고에게 경(經)을 취하여 화를 피하도록 하였다. 호정의 병은 나았지만 왼쪽 다리를 절게 되었다. 이후 이름을 좌출(左黜)이라 불렀다.

성고고는 아들과 딸 미아(媚兒)를 데리고 서경(西京)으로 가 치료를 하고자 하였다. 그들이 검문산(劍門山) 관제묘(關帝廟)에 이르렀을 때 우연히 도사 가청풍(賈淸風)을 만났다. 그는 미아에게 첫눈에 반해 그들을 사당 안에 묵도록 청하였다. 미아는 가청풍을 속이고자 하였다. 후에 성고고는 좌출을 사당에 남기고 미아만 데리고 길을 떠났다.

영흥(永興)에 도착한 후, 갑자기 한바탕 강풍의 쌀이 불어왔다. 성고고는 꿈속에서 무측천(武則天)을 만났는데, 비로소 미아의 전신이 장창종(張昌宗)임을 알았다. 무측천이 후에 미아와 부부가 됨을 알고 또 28년 후의 패주(貝州)에서 뜻을 이룸을 알게 된다.

어느 날 사주(泗州) 영휘사(迎暉寺) 방애자운(方艾慈雲) 법사가 물속에 알 하나를 건져 올렸다. 이 알은 작은 아이로 부화하였다. 이 아이가 바로 단자화상(蛋子和尙)이다. 법사는 단자화상이 요괴라고 여기고, 땅을 파서 묻어버렸다. 단자화상은 죽지 않았고, 자란 후 백운동으로 법술을 구하러 갔지만 때를 놓쳐 기회를 잃었다. 그는 다시 뜻을 갖고 백운동으로 갔고, 두 번째 해의 단오절이 되었을 때 백운동에 또 갔다. 하지만 지필(紙筆)을 갖고 오지 않아 또 실패하였다. 후에 그는 노인이 가리키는 곳을 얻게 되어 마침내 백운동에 소장되어 있는 천서 37장을 훔쳤다. 그 중 24장에 글자가 있었다. 꿈에서 그는 노인이 "천서를 알고자 한다면 성고를 찾아야 한다"라는 말을 들었다.

관중(關中)으로 가다가 화음(華陰)에서 성고고와 만났다. 성고고는 이 천서가 바로 '여의책'임을 알았다. 단자화상 등과 함께 훈련을 하였다. 이때 가청풍은 미아를 그리워하다가 병을 얻어 죽었다. 좌출도 훈련을 하였다. 그들은 약 28일 후에 패주로 함께 가기로 약속하였다. 이때 서안부(西安府) 장대붕(張大鵬)이 도술을 얻었고, 왕흠낙(王欽若)의 손님을 도와 천서를 위조하였다. 조정에 나섰지만 실패를 하여 장대붕은 장란(張鸞)으로 개명하였고, 태감 뢰윤공(雷允恭)의 후원에 거주하였다.

송 진종(眞宗) 상부(祥符) 2년에 갑자기 괴이한 바람이 불어왔다. 호미아(胡媚兒)가 바람 따라 떨어졌는데 장란의 도움을 받았고, 숙질로 여겼다. 그는 뢰윤공에게 호미아가 입궁하도록 청하였는데, 뢰윤공은 오히려 호미아를 처로 삼았다. 그 후 호미아는 황실로 들어가 황태자를 유혹하려다가 관성(關聖)에게 죽임을 당하였다. 호미아의 영혼은 장란이 갖고 있는 그림 속으로 들어갔다. 장란은 도인 행색을 하며 호미아가 들어 있는 그림을 갖고 경성 호원외(胡員外, 胡浩)의 집으로 갔다.

호원외는 저녁에 그림을 감상하다가 호미아를 만나게 되었다. 후에 처에게 발각되었고, 처는 화가 나서 그림을 불태웠다. 뜻하지 않게 그림의 재가 그녀의 입 속으로 들어갔다. 그녀는 회임을 하게 되었으며 얼마 지나지 않아 여자 아이를 낳았는데, 영아(永兒)라 불렀다. 영아가 7살이 되었을 때 호원외는 집에 선생을 불러 영아를 가르치도록 하였다.

한편, 성고고는 천서에 기록된 73개의 도술을 완전히 익히고 때가 되면 패주에서 만나 난을 일으킬 것을 기약하면서 단자화상과 아들과 헤어진다. 성고고는 장란의 명망을 듣고 찾아갔다가 딸의 소식을 알게 된다. 성고고는 딸에게 도술을 가르쳐 주기 위해 호원외의 집을 가난하게 만들었다가 딸에게 쌀과 돈을 만드는 도술을 터득하게 한다. 호원외는 딸이 요술에 빠져드는 것이 두려워 몇 차례 해치려 했지만 실패하였다. 영아는 그 집에서 빠져나와 성고고와 함께 길을 떠난다. 성고고는 패주에서 난을 일으킬 것을 말하면서 왕칙의 허락을 얻었다. 그녀도 영아가 왕칙에게 시집을 가 처가 되는 것을 허락하였다. 장란, 좌출, 성고고, 왕칙은 패주에서 난을 일으키는 것을 상의하였다. 이때 단자화상도 와서 도왔다. 그는 환술을 통해 창고의 돈과 쌀 등을 훔쳤고, 병사를 일으켰다. 6천여 병사들이 왕칙을 찬양하였다. 이 일로 인해 왕칙은 옥에 갇혔다. 좌출도 기회를 틈타 병사를 일으켜 소동을 부렸다. 그들은 왕칙을 구하기 위해 살상도 서슴지 않았다. 지주도 어려움을 면하기 어려웠다.

송 진종은 급히 류언위(劉彦威)에게 명하여 패주로 가서 토벌하도록 하였다. 하지만 오히려 왕칙에게 대패하였다. 왕칙은 스스로 동평군왕(東平郡王)이 되었다. 그는 각지에서 미녀를 선발하였고, 향락에 빠졌다. 이때 열부(烈婦) 조무하(趙無瑕)가 죽었다. 이 일로 백성들은 크게 분노하였다. 조정에서는 문언박(文彦博)을 파견하여 10만 대군을 이끌고 패주를 포위하도록 하였다. 백원신(白猿神)도 구천현녀에게 도움을 청하였다. 심지어 단자화상도 제갈수(諸葛遂)로 변하여 문언박을 도왔다. 구천현녀는 성고고를 굴복시켰다.

호영아는 문언박을 공격하였지만 다목신(多目神)의 보호를 받았다. 마수(馬遂)는 투항을 가장하여 왕칙을 상처 입혔고, 이수(李遂)는 왕칙의 침실로 진입하여 왕칙과 영아를 산채로 붙잡았다. 왕칙의 반란은 천상으로부터 질책을 받았고, 뢰신은 벼락을 때려 좌출을 벼락으로 죽였다. 왕칙은 극형에 처해졌고, 문언박은 로국공(潞國公)에 봉해졌으며, 백원(白猿)도 옥황상제에 의해 백운동군의 칭호를 회복하였다.

4) 송대 왕칙의 난

왕칙(王則, ?~1048)은 송대 인종 시기에 허베이에서 난을 일으켰다. 왕칙은 허베이성 탁주(涿州) 사람인데, 패주가 기근이 심해서 몸을 팔아 양을 길렀다. 후에 선의군(宣毅軍)에 들어갔다. 승진하여 소교(小校)

가 되었고, 미륵교(弥勒敎)에 들어갔다. 1048년 원단(元旦, 춘절)에 난을 일으키기로 계획을 하였다. 이 일이 탄로가 나서, 1047년 동짓날에 패주에서 난을 일으켜 지주 장득일(張得一)을 잡았다. 왕칙은 동평군 왕(東平郡王)이 되어 국호를 안양(安陽)이라 칭하였고, 스스로 안양무 열황제(安陽武烈皇帝)라고 칭하였다.

다음 해 조정은 명호(明鎬)와 문언박을 파견하여 진압하였다. 먼저 진압하려 하였던 추밀직학사(樞密直學士) 명호는 진압하는 데 실패하였고, 그 다음으로 문언박이 선문사로 임명되어 성 아래에 땅굴을 파 성안으로 진입하는 방법을 써 왕칙을 체포하였다. 이 공으로 문언 박은 재상에 올랐다.

제2장 청말민초부터 당대(當代)까지

1. 루쉰의 『아큐정전』

2010년 여균동이 연출한 〈아큐-어느 독재자의 고백〉이라는 연극이 서울과 여러 지방에서 공연되었는데, 이 작품의 제목은 루쉰(魯迅, 1881~1936)의 소설인 『아큐정전(阿Q正傳)』에서 따왔다.

1) 영화와 드라마 〈아큐정전〉

루쉰의 『아큐정전』은 영화와 드라마 등으로 제작되었다. 1958년에 영화 제작자이자 감독인 위안양안(袁仰安)의 〈아큐정전〉이 상영되었다. 감독은 "'아Q'라는 인물을 지나치게 희화화해서 어리석고 무지하거나 열성의 대표로 삼아서는 안 된다. 그는 관중의 동정을 받아야 하고, 동시에 소름끼치도록 경계심을 갖게 하는 본보기가 되어야 한다"고 말하였다. 이 영화에서 주연한 관산(關山)은 1958년 제11차 스위스 로카르노 국제영화제에서 최우수 남우주연상을 수상하였다. 이 영화는 유튜브에서 볼 수 있다.

1981년에는 중국에서 천판(岑范)이 감독한 〈아큐정전(The True Story of Ah Q)〉이 상영되었다. 이 작품은 루쉰 탄신 100주년 기념 영화로, 상하이영화제작소가 샤오싱(紹興)에서 촬영하였다.

루쉰의 원작 소설에 근거하여 제작한 영화는 신해혁명 후의 저장성 농촌마을을 배경으로 가난하고 미개하며 어리석은 농민형상 '아Q'를 통해서 당시 농민의 비참한 생활상, 봉건지주계급의 정치적 경제적 압박과 그 사상적 노예근성, 출로가

없는 삶과 정신적 마비의 심각한 상황을 그려내었다. 또 신해혁명의 한계성을 보여주었다. '아Q'로 분연한 옌순카이(嚴順開)는 1983년 제6회 대중영화백화상 최우수 남우주연상을 수상하였다.

2) 작가 루쉰

루쉰은 본명이 저우수런(周樹人, 주수인)이고, 저장성 샤오싱 사람이다. 루쉰은 필명으로, 'Revolution'이란 뜻이다. '루쉰'이라는 필명은 1918년 『신청년(新靑年)』에 『광인일기(狂人日記)』를 발표할 때 처음 사용되었다.

『광인일기』는 후스(胡適)와 천두슈(陳獨秀)의 구어문학이나 '문학혁명' 주장을 최초로 실천한 작품이다. 루쉰은 『광인일기』에 이어 『공을

기(孔乙己)』·『약(藥)』·『풍파(風波)』·『고향(故鄕)』 등의 단편소설을 『신청년』에 발표하여 '문학혁명'이 제창하는 작품의 가능성을 실천하였다.

루쉰은 "사실 땅 위에 길이란 건 없다. 걸어가는 사람이 많으면 그것이 곧 길이 되는 것이다"라는 명언과 "가장 최상의 길은 없다. 많은 사람이 가고 있다면 그 길이 최상이다"라는 명언을 남겼다.

마오쩌둥(毛澤東)은 루쉰에 대해 "그는 위대한 문학인일 뿐 아니라 또한 위대한 사상가이자 혁명가였다"고 평가하였다. 「루쉰선생지묘(魯迅先生之墓)」라는 글귀를 마오쩌둥이 직접 써서 루쉰의 죽음을 애도하였다고 한다.

1902년 루쉰은 일본으로 유학을 떠났다. 1904년 센다이 의학전문학교에 입학했을 때, 해부학 강의 중에 상영된 영상에서 중국인이 스파이로 몰려 일본군에게 처형되는 장면을 보고 격분하였으며, 그 처형장면을 아무런 감각 없이 바라보던 중국인의 모습에 충격을 받았다. 루쉰은 정신이 건강하지 않으면 다른 사람들의 노예로 밖에는 살 수 없다고 생각하고, 의학공부를 그만 두고, 귀국한 뒤 중국 국민성 개조를 위한 문학을 지향하였다.

3) 소설 『아큐정전』

『아큐정전』은 루쉰이 중국 민중을 깨우치기 위해 쓴 백화 소설이다. 1921년 베이징의 신문 『천바오(晨報)』 부록판에 연재된 『아Q정전』은 신문학의 승리를 확인하고 또한 작가 루쉰의 지위를 확립시키는 계기가 되었다. 『아Q정전』은 '아Q'라는 날품팔이 노동자를 주인공으로 하여 봉건적인 중국사회가 만들어낸 민족적 비극을 풍자하여 전형화한 것이다. 작품의 전반에 그려진 정신승리법(精神勝利法, spiritual victory)

은 민중 자신 속에 있는 노예근성인 것이었다. 독자들은 자기 자신 속에 숨어 있는 '아Q' 기질에 충격을 받았고 이 작품은 곧바로 전국적인 명성을 얻게 되었다. '아Q'는 최후에 신해혁명 후의 지방 정부의 손에 총살당하는데, 그것은 동시에 구사회에서 가장 홀대받던 '아Q'가 계속해서 피압박자가 되어 버린다는 것이었다.

소설은 '아Q'란 이름에 대한 내력을 밝히는 것으로 시작한다. 황당한 한 인간의 인생 이야기를 쓰자니, 이름을 드러내야겠는데 분명한 이름이 확인되지 않아서 영어식 철자법으로 '아(阿) Quei'라 쓰고 약해서 '아Q'로 하였다는 것이다. '아Q'는 집이 없어 토지신을 모시는 토곡사(土谷祠)라는 사당에 살면서 날품팔이로 연명하였다.

머리에 난 나두창(癩頭瘡) 때문에 놀림을 받지만, 자기보다 조금이라도 강한 사람에게는 반격을 하지 못하고 속으로만 자기가 더 낫다고 우기는 정신 승리로 하루하루를 살아간다.

매번 얻어터지고 망신을 당하지만 '아Q'는 부끄러운 것이 없다. 그런 '아Q'가 동네 과부에게 실수를 하는 바람에 일이 끊어지고 끼니조차 때우기 어려워지자 성읍으로 사라진다. 중추절 무렵에 다시 나타난 '아Q'는 성읍에서 가져온 물건을 팔며 마을 사람들에게 주목을 받는다. 하지만 장물을 팔았다는 혐의로 다시 누구도 상대해 주지 않는 존재가 되어 버린다. 그 무렵 성읍에서는 혁명군이 등장해 많은 변화가 생겼다. '아Q'는 혁명이 무서웠지만, 자신을 무시했던 부자들에게 복수할 생각을 하며 헛된 망상을 품기 시작한다. 혁명당에 가입하기 위해 첸씨의 아들을 찾아간 날 밤, 자오씨의 집이 습격을 당한다. 아무 관련이 없는 '아Q'는 자오씨 집을 약탈한 혐의를 받고 관청에 끌려간다. '아Q'는 절도 혐의로 혁명군에 의해 형장의 이슬로 사라지게 된다. 그러나 '아Q'를 불쌍하게 생각하는 사람은 아무도 없었다.

4) 2020년대의 루쉰

중국공산당 창당 100주년의 해를 맞아 중국 인터넷과 대학 사회에 루쉰 학습 열풍이 일고 있다고 상하이시의 『평파이신문(澎湃新聞)』이 2021년 5월 30일에 보도하였다. 이 신문에 따르면 20~30대 젊은 세대들의 동영상 커뮤니티 플랫폼으로 유명한 빌리빌리(bilibili, B쯴站)에는 모두 1만 3655건의 루쉰 관련 동영상(짧은 동영상)이 게재되었으며 조회 방영수가 1억 7000만 건을 넘었다는 것이다. 그리고 '좋아요'와 '가져가기'도 각각 967만 8000건, 420만 2000건에 달하였다고 밝혔다.

『평파이신문』은 루쉰 탄생 140주년의 해를 맞아 중국 사회에 루쉰의 교학 방향과 사상이 재조명되고 있다고 보도하였다. 또한 중국사회의 루쉰 열풍은 2021년이 중국공산당이 창당된 지 100주년이 되는 해로서, 루쉰이 마오쩌둥을 비롯한 중국 초기 혁명가들에게 사상적으로 많은 영향을 미쳤다는 점과 무관하지 않다고 보았다.

루쉰 전공 학자들은 2021년이 루쉰 탄생 140주년이 되는 해로 140년 동안 루쉰 사상은 중국사회에 광범위한 영향력을 미쳤다고 밝히고 있다. 그리고 이것이 중국사회가 오늘날 루쉰을 기념하고 재조명하는 이유 중의 하나라고 설명하고 있다. 2021년 4월 24일 화동사범대학에서는 베이징대와 칭화대·푸단대· 화동사범대·쑤저우대학 등 중국 전역의 10여 개 대학의 교수들이 한자리에 모여 루쉰의 사상 및 교학 방향에 대한 연구 토론회를 개최하였다.

2. 마오둔의 『임가포자』

1) 영화 〈임가포자〉

영화 〈임가포자(林家鋪子, 임씨네 가게)〉(1959)는 베이징영화제작소에서 출품하였다. 마오둔(茅盾, 1896~1981)의 동명소설인 『임가포자』를 각색한 이 영화는 수이화(水華)가 감독하고, 샤옌(夏衍)이 시나리오를 쓰고, 셰톈(謝添)이 주연하였다.

이 영화는 1931년 일본이 중국을 침략하였을 때 저장성 항가호(杭嘉湖) 지역의 작은 마을을 배경으로 하였다. 청년 학생들의 일본제품 불매운동, 일본제품을 국산 제품이라 속이며 생존을 위해 수단을 가리지 않는 소상공인! 뇌물을 주며 일본제품을 파는 것을 묵인 받은 임씨네 가게의 임사장을 중심으로 하여 줄거리는 전개된다. 임사장의 딸은 일본제 치파오를 입었다가 친구들로부터 비난을 받았다. 고리대금을 빌려서라도 가게를 운영하려고 하는 임사장은 주변 사람들과 마찰을 빚다가 결국 도산하게 된다. 임사장 일가의 운명과 함께 당시 전 사회의 서로 속고 속이는 "큰 물고기가 작은 물고기를 잡아먹고, 작은 물고기가 작은 새우를 잡아먹는(大魚吃小魚, 小魚吃蝦米)" 약육강

식의 암흑과 같은 현실을 전개하였다.

영화 〈임가포자〉는 1983년 제12회 포르투갈 국제영화제에서 심사위원 대상을 수상하였고, 1986년 홍콩에서 거행된 "세계 고전영화 회고전"에서 유일하게 중국영화로 선정되었다.

건국 초기에 사회주의 이데올로기를 강조하는 과정에서 영화 〈임가포자〉는 비판의 대상이 되었다. 문화대혁명이 발생한 후 마오둔의 집은 홍위병으로부터 공격을 받았다. 중앙선전부 부장 루딩이(陸定一)는 마오둔의 이름을 직접 거명하며 비판하였다.

2) 작가 마오둔

마오둔은 저장성 퉁샹(桐鄉) 사람이고, 본명은 선더훙(沈德鴻)이며 자(字)는 옌빙(雁氷)이다. 1921년 중국 공산당 창당 구성원으로 참여하기도 하였다. 중국 건국 후 문화부 부장과 작가협회 주석을 역임하였다. 마오둔은 『자야(子夜, 한밤중)』, 『임가포자』, 『임상점』 등 현실주의적인 작품들을 주로 썼다. 작품 중 『환멸(幻滅)』・『동요(動搖)』・『추구(追求)』는 『식(蝕)』 삼부곡이라 하는데, 한국에서는 2011년 처음 번역되어 출간되었다. 그리고 '농촌 삼부곡'이라 일컬어지는 『춘잠(春蠶)』・『추수(秋收)』・『잔동(殘冬)』이 있다. 작품 중 『자야』는 취츄바이(瞿秋白)에 의해 "중국 최초의 성공적인 사실주의 장편소설"이란 평가를 받았다.

중국에는 중국작가협회가 주관하는 문학상이 있다. 이 중에서 가장 권위 있고 영예로운 상은 루쉰문학상과 마오둔문학상이다. 루쉰문학상은 종합 문학상으로 장편소설과 중・단편소설, 번역, 시 등 4개 부문을 시상한다. 하지만 마오둔문학상은 장편소설에 대해서만 시상한다. 마오둔문학상은 우수한 장편소설의 창작을 장려하는 것이 상의 목적이다. 마오둔문학상은 마오둔이 사망하면서 자신의 원고료 25만 위안을 중국작가협회에 기부하도록 유언함으로써 만들어졌다.

마오둔 고택은 1988년 1월 문화재로 지정되었고, 마오둔 집은 기념관으로 조성되었는데, 작가의 초판본 작품·편지·어린 시절의 작문 원고 등을 전시하고 있다. 총 800m²의 대지에 건평 500m² 규모로 전원과 후원으로 나뉜다. 마당 가운데에는 백옥으로 만든, 높이 83cm 정도의 마오둔 흉상이 자리 잡고 있다.

마오둔 고택의 창문 곁에는 마오둔의 소설 『자야』와 『임가포자』의 내용을 새겨놓은 목조(木雕)가 붙어 있다.

3) 소설 『임가포자』

1932년 7월에 창작된 단편소설 『임가포자』는 『천바오 월간』 제1권 제1기에 실렸다. 원래 이름은 『도폐(倒閉)』였다. 『임가포자』는 일본 상품 불매운동을 묘사한 단편소설로 유명하다.

제1차 세계대전 중인 1915년 일본이 위안스카이(袁世凱) 정부에 강요한 '21개조 요구', 1919년 발생한 5·4운동은 중국 전역에서 일제 불매운동을 촉발시켰다. 1930년대 들어 중국과 일본이 전면전에 돌입하자 일제 불매는 더욱 기세를 떨쳤다.

『임가포자』는 1932년 1·28 상하이 사변 이후 군벌의 혼전과 농촌의 피폐, 서양 상품의 범람 등 어두운 사회 환경 속에서 어떻게 중국의 한 성실한 소상인이 몰락해 가는지를 이야기하고 있다. 강남 항가호(杭嘉湖) 지역에서 가게를 경영하는 임사장(林老板)이 겪은 고초는 당시 일반 백성이 일본의 군사적 침략과 국민당 관리의 부패와 지주의 고래대로 당하는 고초를 대표한다.

3. 모옌의 『홍까오량가족』

1) 영화 〈붉은 수수밭〉

영화 〈붉은 수수밭(紅高粱)〉은 2012년 노벨문학상 수상자인 모옌의 소설 『홍까오량가족(紅高粱家族)』의 일부를 소재로 삼았다. 〈붉은 수수밭〉은 장이머우(張藝謀) 감독의 데뷔작이자 배우 궁리(鞏俐)의 데뷔작이기도 하다. 〈붉은 수수밭〉은 1988년 베를린 영화제에서 그랑프리인 금곰상을 수상하였고, 중국의 영화제인 백화상과 금계상의 작품상을 수상하였다. 또 캐나다 몬트리올영화제 특별상, 이탈리아 듀브린영화제 최우수상, 프랑스 낭트영화제 촬영상을 수상하였다.

영화의 시작은 할머니의 이야기를 전하는 손자의 이야기로 시작한다. 시대적 장소적 배경은 1930년대 산둥 지방이다.

궁리가 분한 주얼(九兒)은 18살로 가난한 집에서 태어났는데, 아버지에 의해 나이가 50인 문둥병에 걸린 노총각 리다터우(李大頭)에게 시집을 가게 된다. 리다터우는 주얼의 집에서 좀 떨어진 곳에 살고 있다. 가마꾼들이 가마에 주얼을 싣고 리다터우의 집으로 떠난다.

가마꾼들은 신부를 희롱하는 노래를 부르면서 가마를 흔들어댄다. 주얼은 가마 틈새로 웃옷을 벗은 가마꾼들, 특히 바로 앞에 보이는 장원(姜文)이 분한 위잔아오(餘佔鰲)의 땀방울이 송골송골 맺힌 우람한 등 근육을 보며 야릇한 기분을 느낀다.

위잔아오와 주얼은 서로에게 야릇한 감정을 느낀다. 리다터우는 주얼과 결혼한 지 3일 만에 의문사 한다. 그 뒤로 주얼은 리다터우가 운영하던 양조장을 재건하고 위잔아오의 아이를 낳고 함께 살게 된다. 몇 년 뒤 일본군이 산둥성 지방으로 쳐들어오고 양조장에서 일했던 루오한(羅漢)이 일본군에게 살해당한다. 주얼과 위잔아오, 그리고 그녀의 아들과 양조장의 일꾼들은 붉은 수수로 만든 홍까오량을 함께 마시며 피의 복수를 다짐한다.

위잔아오와 양조장 일꾼들은 고량주통에 심지를 달아 수수밭에 묻어둔다. 일꾼들에게 줄 먹거리를 가져오던 주얼은 갑자기 나타난 일본군 트럭에서 쏜 기관총에 맞아 쓰러진다. 이를 본 일꾼들은 고량주를 담은 통에 불을 붙여 트럭을 향해 돌진한다. 굉음과 함께 고량주 폭탄이 터져 일본군 트럭이 화염에 휩싸인다. 양조장 일꾼들은 모두 죽었는데, 위잔아오 부자(父子)만 살아남았다. 수수밭 위로 떠오른 붉은 해를 마주하고 선 어린 떠우관(豆官)이 어머니를 천국으로 인도하는 송사(頌辭)를 외치면서 영화는 막을 내린다.

엄마, 천국으로 가세요! 넓은 길 위의 큰 배처럼
엄마, 천국으로 가세요! 잘 생긴 말(馬)과 함께…
엄마, 천국으로 가세요! 고생 모두 잊고 푹 쉬세요

2) 작가 모옌

모옌(莫言, 1955~)의 본명은 관모예(管謨業)이다. 산둥성 가오미(高密)현 둥베이(東北)향에서 농부의 아들로 태어났다. 필명 '모옌'은 중국어로 "말을 하지 않는다"를 뜻한다. 모옌은 『황금색 홍당무(金色的紅蘿蔔)』(1985년 『투명한 홍당무透明的紅蘿蔔』로 개작)로 문단의 주목을 받기 시작하였다. 모옌의 대표적인 작품으로 『홍까오량 가족』(1987), 『술의 나라』(1992), 『개구리(蛙)』(2009), 『생사피로(生死疲勞, 인생은 고달파)』(2006) 등이 있다.

모옌의 작품은 중국어 외에도 영어, 프랑스어, 독일어, 노르웨이어 등 10여 개 언어로 출판되었다. 모옌의 작품 중 『생사피로』는 제2회 홍루몽상 최고상을 수상(2008년)하였고, 『사십일포(四十一炮, 41포)』는 제7회 마오둔문학상에 후보작품(2008년)에 올랐다. 그리고 『개구리(蛙)』는 제8회 마오둔문학상(2011년)을 수상하였다.

모옌은 2012년 노벨 문학상을 받은 최초의 중국 국적의 소설가이다. 모옌의 노벨 문학상 수상과 관련하여, 스웨덴 아카데미는 구전문학과 역사, 동 시대를 환상적 리얼리즘과 융합시켰다고 선정 이유를 밝혔다. 그런데 모옌이 노벨문학상을 받은 뒤 많은 작가들로부터 비난을 받기도 하였다.

모옌은 노벨문학상을 수상한 후부터 2016년까지 전 세계 약 34개 도시를 방문하여 26번의 회의, 18번의 강좌에 참가하였다. 쑤퉁(蘇童)은 모옌이 노벨문학상을 받은 후의 심리상태를 "월계관을 머리에 이고, 몸에 족쇄를 찼다"라고 형용하기도 하였다.

최근 모옌의 새 작품 『만숙적인(晩熟的人, 늦된 사람)』(2020)이 인민문학출판사에서 출판되었다. 이 책은 모옌이 노벨문학상 수상 후 처음으로 출판한 책이다. 『만숙적인』은 노벨상 수상 후의 이야기를 12가지 주제로 적은 책이다. 책에 수록된 「좌염」에서 모옌은 다음과 같이 적었다.

"많은 시간이 흘렀다. 난 여전히 마을 어귀의 큰 버드나무 아래에서 쇠 두들기는 장면을 보는 꿈을 꾼다. 그것은 이미 처음 봤던 모양의 왼쪽 낫을 용광로에서 곧 하얗게 태워버릴 것이다. 아니, 이미 하얗게 타버렸을 것이다. 그것은 곧 낫에 더해진 칼날도 역시 하얗게 태워버릴 것이다. 셋째는 힘껏 풀무를 펌프질하였는데 풀무 손잡이가 들락날락함에 따라 그의 몸도 앞뒤로 흔들렸다."

3) 소설 『홍까오량가족』

2000년 『홍까오량가족』이 『아주주간』으로부터 "20세기 중국어 소설 톱100"에 선정되었다. 『홍까오량가족』은 모옌이 1930년대 고향마을에 있었던 실화를 1986년에 발표한 소설이다. 이 작품은 중국 민초들이 겪은 근대사의 아픈 궤적을 실감나게 그려냈다는 평가를 받아 2012년 노벨문학상 수상작으로 선정되었다.

제1장은 '붉은 수수'편으로 수수마을 까오미(高密) 동베이 마을에 대한 묘사가 나온다. 일본군이 마을을 공격하는 장면이 묘사되어 있다.

제2장은 '고량주'편이다. 까오미 동베이 고향에서 담은 고량주가 마시고 난 뒤 어떤 감칠맛이 나는지, 취한 후에도 머리가 아프게 하지 않는 어떤 고량주로 변하게 되는지에 대해 언급하고 있다. 고량주를 만드는 비법에 대한 내용이 이 장에 나온다. 그리고 할머니 따이펑롄(戴鳳蓮)과 할아버지의 위잔아오의 연애담을 소개하고 있다. 부자인

단피엔랑(單扁朗)에게 시집을 온 따이펑롄, 시집을 갈 때 가마를 졌던 가마꾼 중 한 명인 위잔아오는 그녀를 납치해 취하고, 단씨 아버지와 아들을 살해한 뒤 집을 불사른다. 따이펑롄은 새 주인이 되고, 류루오한(劉羅漢) 백부에게 집안의 일을 맡긴다. 일꾼으로 들어온 위잔아오를 처음에는 모른척하다가 그를 남편으로 맞는다.

제3장은 '개들의 길'편이다. 1939년 추석 저녁 무렵 마을 사람들이 수백 마리 개들에 의해 죽임을 당하는 얘기가 나온다. 일본군과 황협군은 마을을 공격하여 집을 태우고 많은 사람을 학살하였다. 이때 위잔아오, 떠우관, 롄얼(戀兒) 등이 살아남았다.

제4장은 '수수장례식'편이다. 일본군에 의해 쑥대밭이 된 마을에 임시 무덤이 만들어졌다. 1941년 4월 초파일에 기일을 잡아 위잔아오가 아내의 무덤을 파헤쳐 다시 성대하게 장례식을 치른다. 위잔아오가 따이펑롄의 시녀였던 롄얼과 사랑에 빠졌던 내용들이 나온다.

제5장은 '이상한 죽음'편이다. 위잔아오는 롄얼과 함께 어린 딸의 시체를 싣고 동베이로 돌아와 묻는다. 그리고 죽어가는 롄얼의 몸을 아내 따이펑롄과 함께 곱게 씻긴다. 하지만 롄얼은 실성한 채 죽어간다.

4. 위화의 『훠저』

1) 영화 〈인생〉

장이머우가 감독하고 궁리가 주연한 영화 〈인생(人生, 活着)〉(1994)은 주인공인 푸구이(富貴)의 굴곡진 삶과 상실의 인생사를 그린 작품이다. 국민당군에게 강제 동원되었다
가, 전쟁터에서 공산당군인 홍군에서
그림자 연극을 공연하게 된다. 전쟁이
끝나고 중화인민공화국이 건국된 뒤
푸구이는 정부로부터 인민혁명군을
위해 공연을 한 무산계급 출신의 혁명
동지로 인정받는다. 그러나 어느 날 아
들 여우칭(有慶)이 담장에 누워 자다가
후진하는 트럭 때문에 무너진 담벼락
에 깔려 죽는다. 그리고 문화대혁명 시
기에 딸 펑샤(鳳霞)는 아기를 낳다 과다출혈로 죽는다.

영화의 중국명은 〈휘저(活着, TO LIVE, 살아간다는 것)〉이다. 영화는
위화의 소설 『휘저(活着)』를 원작으로 하여 제작하였다. 영화 〈인생〉
은 1994년 제47회 칸느 영화제에서 심사위원 대상, 남우주연상, 박애
주의상을 수상하였고, 제48회 영국 아카데미에서 외국어영화상을 수
상하였으며, 1994년 골든 글로브에서 외국어영화상을 수상하였다.

영화 〈인생〉은 제작 당시에는 중국에서 개봉되지 못하였다. 영화
〈인생〉이 개봉되지 못하였던 이유는 중국의 대약진운동과 문화대혁
명을 부정적인 시각으로 다루었기 때문이었다. 1990년대 말에서야
중국에서 비디오 CD로 풀렸다. 현재는 중국 웹에서 자유롭게 볼 수
있다. 영화는 크게 1940년대, 1950년대, 1960~1970년대로 나뉘고, 국
내전, 대약진운동 시기, 문화대혁명을 시대적 배경으로 하였다.

영화에서 인상적인 장면은 작품 중반에 1950년대에 푸구이와 아들
여우칭이 제철작업을 하러 갈 때, 푸구이는 여우칭에게 "우리집은 닭
과 같다. 닭이 자라면 거위가 되고, 거위가 자라면 양이 되고, 양이

자라면 소가 되고, 소 다음에는 바로 공산주의다. 매일 고기랑 만두(고기만두)를 먹을 수 있지"라고 한다. 뒤에는 푸구이가 손자 만터우(饅頭)에게 "닭이 자라면 거위가 되고, 거위가 자라면 양, 양이 자라면 소가 되지. 그리고 소 이후에는 … 그때면 만터우 너도 어른이 될 거란다. 그때쯤이면 너는 기차도 타고, 비행기도 타고, 살기 더 좋아질 거야"라고 말을 하는 부분이다.

소설 『훠저』는 지나가던 화자가 노인이 된 푸구이의 이야기를 듣는 액자식 구성이지만 영화에서는 화자 없이 푸구이의 이야기만 나온다.

2) 작가 위화

선봉파(先鋒派)의 대표적인 소설가로 손꼽히는 위화(余華, 1960~)는 저장성 항저우에서 태어났다. 루쉰문학원을 이수한 후 1983년부터 글을 쓰기 시작하였다. 『열여덟 살에 집을 나서 먼 길을 가다』, 『세상 사는 연기와 같다』 등 실험성 강한 중단편 소설을 내놓으며 중국 제3세대 문학을 대표하는 작가가 되었다.

1990년대에 들어와서는 휴머니즘과 리얼리즘을 가미한 장편소설을 쓰기 시작하며 『훠저』와 『허삼관매혈기(許三觀賣血記)』를 출간하였다. 2000년대에 들어와 『형제』를 발표하면서 작품성을 인정받았다. 2007년에 위화의 『허삼관매혈기』가 교과서에 실린다는 기사가 보도되었다.

위화의 작품은 한국에서도 인기가 많은 편이다. 외국인들에게 위화의 소설은 "중국을 들여다보는 창"으로 통한다. 위화의 대표적인 작품은 『첫 번째 기숙사』(1983), 『살아간다는 것』(1997), 『허삼관매혈기』(1999), 『가랑비 속의 외침』(2004), 『형제』(2007), 『4월 3일 사건』(2010)

등이 있다. 위화의 주요 작품은 미국, 프랑스, 독일, 이탈리아, 일본, 베트남 등 여러 나라에서 번역 출간되었다.

3) 소설 『훠저』

소설 『훠저』는 위화의 장편소설 중 하나로, 한국에서는 『살아간다는 것』(1997)과 『인생』(2007)이라는 제목으로 출간되었으며, 액자소설 형식으로 구성되어 있다. 1945년 이후의 국내전, 중국 건국 후의 대약진운동 시기와 문화대혁명 시기를 살아온 노인 '푸구이'가 홀로 남게 된 시기까지의 삶을 작중 화자가 옛날이야기 하듯 들려준다.

부잣집 외동아들 푸구이는 지아전(家珍)이라는 사람과 결혼하여 아들을 낳고 부모님과 함께 살아간다. 푸구이는 도박으로 가산을 탕진하고 아버지도 돌아가신다. 많은 일을 겪으면서 어머니, 아들, 딸, 부인, 사위, 손자가 차례대로 비극적으로 세상을 떠난다. 가족 모두를 먼저 보낸 푸구이는 늙은 소 한 마리를 사서 '푸구이'라는 이름을 짓고는 함께 여생을 살아간다.

이 소설은 '새옹지마(塞翁之馬)'라는 사자성어를 떠오르게 하기도 한다. 지주의 아들이었던 주인공이 도박으로 집을 빼앗기고 국내전에 참여한 뒤 우연히 공산당군이 되어, 이후 더 이상 지주로 몰리지 않고 중국공산당 체제 하에서 살 수 있었기 때문이었다.

제3장 무협소설, 문화콘텐츠의 중심에 서다

중국 최초의 무협영화라 불리는 〈불타는 홍련사(火燒紅蓮寺)〉(1928) 는 평강불초생(平江不肖生, 본명 向愷然, 1890~1957)의 장편소설 『강호기 협전(江湖奇俠傳)』을 저본으로 한 것이다. 평강불초생의 본명은 샹카이 란(向愷然, 1890~1957)이며 후난 사람이다. 자오환팅(趙煥亭)과 함께 '난 샹베이자오(南向北趙)'라고 불렀다. 『강호기협전』은 최초의 무림문파 간의 쟁투를 다룬 장편소설이다. 또한 현대 신무협의 개산지작(開山之 作)이라 할 수 있는 작품이다.

최초의 무협영화가 무엇인지에 대해서는 여러 설이 있지만, 대체적 으로 〈불타는 홍련사〉가 최초의 무협영화로 간주되고 있다. 〈불타는 홍련사〉는 시리즈로 많이 제작되었는데, 이때 청소년들이 학업을 전 폐하고 산에 들어가 무술을 닦는 등 비이성적인 행동을 하였다. 1931 년 중국 국민당 정부의 영화검열위원회에서 무협영화 상영을 금지하였다. 이 영화는 〈감옥풍운〉으로 유명한 린잉둥(林嶺東) 감독과 쉬커 (徐克) 감독에 의해 1993년에 리메이크 되어 1994년에 개봉하였다.

무협소설을 논할 때 '북파오대가'란 말이 있는데, 북파오대가에는 샹카이란, 바이위(白羽, 1899~1966), 정정인(鄭證因, 1900~1960), 주전무 (朱貞木), 왕두루(王度盧)가 속한다. 어떤 사람은 샹카이란 대신에 환주 러우주(還珠樓主) 리셔우민(李壽民)을 북파오대가에 넣기도 한다.

바이위는 『십이금전표(十二金錢標)』로 유명하였다. 이 작품은 1969년 에 영화 〈십이금전표〉로 제작되었다. 정정인은 『응조왕(鷹爪王)』으로 유명하고, 주전무는 『나찰부인(羅刹夫人)』으로 유명하다. 왕두루의 작 품 『와호장룡』은 리안 감독이 영화 〈와호장룡〉으로 제작하였다. 그 외 환주러우주의 작품 『촉산검협전』은 영화 〈촉산〉으로 제작되었다.

바이위 이전에 무협소설에는 '강호' 혹은 '녹림' 등만 있었고, '무림' 이라는 개념과 단어가 없었다. 바이위의 작품이 세상에 알려지면서 '무림'이라는 개념이 널리 사용되기 시작하였다. 그리고 '무림'이라는 개념에는 '녹림', '강호'의 흑백양도의 무예가 뛰어난 인물들이 포함되 었다.

이들이 제1세대 무협소설 작가라고 한다면, 제2세대 무협소설 작가 로는 량위성, 진용, 구룽, 원루이안(溫瑞安)을 들 수 있다. 이들 중 진용 의 작품은 영화와 드라마로 많이 제작되었고, 유명한 작품도 다른 사람에 비해 많은 편이다. 진용의 작품을 연구하는 것을 '김학(金學)'이 라 부르기도 한다.

2007년 8월 17일 "중국 현대 무협소설의 최고봉인 진용의 『설산비 호(雪山飛狐)』가 중국 근대문학의 정수로 평가받아 온 루쉰의 『아큐정 전』을 대체하였다"는 기사가 떴다. 이에 비난이 일자, 당시 새 교과서 를 만드는 데 참여한 쉐촨둥(薛川東) 편집위원은 "『설산비호』는 학생용 교과서에 실리지 않고 교사용 지침 교재에 실려 있다"라고 해명하며 "루쉰의 작품 수는 결코 줄지 않았다"고 강조하였다. 그는 또 "진용의 작품은 뛰어난 문학성을 갖고 있어 독자들을 황홀한 경지로 이끈다"며 "실험적으로 이번에 편입한 다음 파급효과를 점검해볼 생각"이라고 말하였다.

1. 진용의 작품에서 중국을 읽다

1) 진용 작품의 콘텐츠화

진용(金庸, 1924~2018)의 작품 대부분이 영화나 드라마로 제작되었다. 특히 대중으로부터 많은 인기를 얻는 작품은『사조영웅전(射雕英雄傳)』, 『신조협려(神鵰俠侶)』,『의천

도룡기』,『천룡팔부(天龍八部)』,『소오강호(笑傲江湖)』,『녹정기(鹿鼎記)』 등이다. '『영웅문』3부작'이라 불리는『사조영웅전』,『신조협려』,『의천도룡기』는 1980년대 한국에서 무협소설 붐을 일으킨 작품이다.

진용의 작품들은 대체적으로 한족 중심의 시각에서 전개된다. 진용의 작품에는 역사적 사건과 인물들이 많이 등장하고, 여러 왕조와 민족들이 등장한다. 진용의 작품을 읽다보면 한족 중심의 시각에서 만들어진 한 편의 역사서적을 읽는 듯하다. 진용은 독자들의 수정 요청을 반영하다보니, 초기의 작품과 이후의 작품 내용이 다소 차이

가 있기도 하다. 그러다보니 제작되는 영화와 드라마의 전개되는 내용도 이전의 작품과는 다소 차이가 있다.

진용은 자신의 작품을 영화나 드라마로 만들 때 각색을 심하게 하는 것을 싫어하였다. 그러다보니 영화나 드라마를 보면 진용의 소설을 읽는 듯하고, 진용의 소설을 읽으면 영화와 드라마의 재미가 배를 더한다고 할 수 있다.

1976년 홍콩에서 처음으로 진용의 작품인『사조영웅전』이 드라마로 방영되었다. 1983년에『사조영웅전』이 개편되어 방영되었는데, 이때 〈철혈단심(鐵血丹心)〉, 〈동사서독(東邪西毒)〉, 〈화산논검(華山論劍)〉으로 나눠 방영되었다. 〈동사서독〉은 이후 영화로도 제작되었다.

1993년에는 〈사조영웅전의 구음진경(射雕英雄傳之九陰眞經)〉(20편)이 방영되었고, 2003년에는 중국에서 드라마 〈사조영웅전〉이 방영되었다. 이후에 〈사조영웅전〉은 여러 차례 새롭게 제작되어 방영되었다. 2017년엔 방영된 〈사조영웅전〉은 이후에도 한국에 여러 차례 방영되었다.

2014년에는 홍콩무극단과 후베이성 연예집단이 공동으로 현대 무협극 〈사조영웅전〉을 제작하였고, 후베이성 극원에서 공연하였다. 2012년에는『사조영웅전』이 만화로 출간되었다.

『신조협려』는 홍콩에서 1976년에 드라마로 제작된 이후, 홍콩과 대만 및 싱가포르에서 지속적으로 제작되고 있다. 그리고 중국에서는 2006년에 제작된 후 계속해서 제작되고 있다. 2014년에 방영된 드라마 〈신조협려〉는 기존에 제작된 드라마와는 많은 차이가 있다. 특히 개방 방주 홍칠공의 젊은 시절 이야기, 황약사와 관련된 스토리 전개 등은 기존 드라마에는 없었다. 1970,80년대에 영화배우 왕우(王羽)가 주연한 영화 〈외팔이〉 시리즈가 한국에서 많이 방영되었다. 이 외팔이 시리즈가 『신조협려』를 모티브로 제작된 영화라고 볼 수 있다. 작품은 장철의 고전무협영화 독비도(獨臂刀: 외팔이 검객, 〈의리의 사나이 외팔이〉, One-Armed Swordsman, 1967)이다. 그리고 장국영 주연의 〈영웅문〉(1982)이 있다. 또한 『신조협려』는 일본에서는 『신조영웅』이라는 제목으로 번역되어 소개되었다.

『의천도룡기』는 드라마와 영화로 많이 제작되는데, 그 중에서 1986년 양조위(梁朝偉)가 주연한 『의천도룡기』가 팬들로부터 호평을 받았다. 영화로는 이연걸이 주연한 〈의천도룡기〉가 유명하다. 2019년판 드라마가 한국에서 흥행에 성공하면서 드라마판 〈의천도룡기〉에 대한 인상이 많이 좋아졌다. 의천검과 도룡도는 곽정과 황용이 양과에게 받은 현철중검과 서방의 강철들을 이용해서 만들었다는 내용이 『의천도룡기』에 등장한다. 곽정과 황용은 훗날을 위해 의천검과 도룡도를 만들면서 무공비급인 『구음진경(九陰眞經)』과 『항룡십팔장(降龍十八掌)』, 병법서인 『무목유서(武穆遺書), 무목(武穆)이란 1178년 송 효종이 악비에게 내린 시호이다』를 각각 넣어두었다.

한편, MMORPG(Massive Multiplayer Online Role Playing Game, 다중 접속 역할 수행 게임)인 〈구음진경〉은 쑤저우(蘇州)에 위치한 스네일 게임(Snail Game)사에서 내놓은 3D무협게임으로 『영웅문』 내용이 많이 반영되었다.

『소오강호』도 영화나 드라마로 많이 제작되었는데, 〈소오강호〉의 OST는 남성들이 가장 좋아하는 OST로 꼽히기도 하였다. 한국에서는 2001년에 중국에서 제작된 한국에 방영된 드라마 〈소오강호〉가 인기를 얻었다.

『소오강호』는 한국에서 『아! 만리성』, 『동방불패』, 『열웅지』 등의 제목으로도 출간되었다. 『소오강호』는 정파(正派)와 사파(邪派)의 입장 차이를 넘어 우정을 지킨 두 남자가 만든 소(蕭, 피리의 일종)와 금(琴, 거문고)의 합주곡으로 "강호의 속박을 웃어버린다"는 의미이다. 화산파 대사형인 영호충이 무술비급을 서로 차지하려는 무림 각 정파의 계략에 휘말리면서 겪게 되는 이야기이다.

『천룡팔부』도 드라마와 영화로 많이 제작되었는데, 2003년에 방영된 드라마 〈천룡팔부〉가 가장 원작에 충실하였다는 평가를 받으면서 많은 애호가들로부터 사랑을 받았다. 드라마에는 후쥔(胡軍), 린즈링(林志穎), 가오후(高虎)가 주연으로 나왔고, 류이페이(劉亦菲)도 출연하였다. 이 드라마는 2008년 12월 29일 베이징에서 개최된 '중국드라

마 최고 30년'이라는 행사에서 '가장 영향력 있는 드라마 30'으로 선정되었다. 대표적인 영화 작품은 1994년에 제작된 〈천룡팔부지 천산동모〉이다. 당시 인기가 많았던 임청하(林靑霞), 공리(鞏俐), 장민(張敏)이 주연을 맡았다.

2012년 중국 온라인게임 개발사 창유가 개발하고 JCE가 국내 퍼블리싱을 맡은 온라인 게임인 〈천룡팔부〉는 『천룡팔부』를 원작으로 개발된 무협 MMORPG이다. 이용자들은 배틀존에 입장한 후, NPC(플레이어 이외의 캐릭터Non Player Character)들과 상호 연계된 퀘스트(주인공이 NPC로부터 하달 받는 일종의 임무)를 진행하며 〈천룡팔부〉의 전체적인 스토리를 직접 체험하게 된다. 일정 레벨 구간이 지나면 스토리의 주인공인 교봉(소봉), 단예, 허죽, 모용복에 관한 이야기도 퀘스트를 통해 자세하게 알아가게 된다. 게임에서 '소림', '천룡', '아미', '무당',

'소요', '천산', '명교', '개방', '성숙', '모용세가'의 10대 문파를 모두 접하게 된다.

『녹정기』도 사랑을 많이 받은 작품인데, 1984년에 방영된 양조위(梁朝偉)와 유덕화(劉德華)가 주연한 〈녹정기〉는 진용이 가장 만족하였던 작품이다. 이 두 배우의 연기에도 가장 만족하였다.

2) 작가 진용

진용은 홍콩의 무협소설 작가이자 언론인이다. 본명은 자량융(査良鏞)이고, 진용은 필명으로 자량융(査良鏞)의 '용(鏞)'을 파자(破字)한 것이다. 저장성 하이닝(海寧)시 출신으로 가장 유명한 중국 무협소설 작가 가운데 한 명이다. 진용의 4촌형이 소설가 쉬즈마(徐志摩)이다.

진용은 1959년에 일간지 『명보(明報)』를 창간하였는데, 이 일간지에 자신의 소설을 싣기도 하였다. 2005년 81세의 나이에 영국 케임브리지대학 대학원에서 석사학위를 받았고, 2010년 86세 때 역시 케임브리지대학에서 박사학위를 취득하였다. 뿐만 아니라 여러 나라로부터 훈장도 받았다. 1981년 영국 OBE훈장(외국인대상 명예훈장)을 시작으로 1992년 프랑스 레지옹 도뇌르 훈장, 2000년 홍콩정부 최고훈장(Grand Bauhinia Medal), 2004년 프랑스 문화예술공로훈장 코망되르장 등을 받았다.

진용은 삼류 통속소설로 치부되던 무협소설 경지를 한 단계 끌어올린 인물로 평가받는다. 옌자옌(嚴家炎) 베이징대학 교수는 진용의 소설을 '조용한 문학혁명'이라고 극찬하였다. 또 옌자옌 교수는 진용의 문학적 성취를 "아(雅·순수문학)와 속(俗·대중문학) 쌍방의 문학 경험을 흡수하고, 이를 바탕으로 아와 속을 초월한 것"이라며 "구체적으로 네 가지 업적을 달성하였다"고 설명하였다. 즉, "삶과 오락을 동시에 달성하고 통일하였다. 사실주의라는 주류 예술 사조에 비범한 상상력을 결합하였다. 전통 백화문(白話文, 당대에 발생하여 송·원·명·청 시대를 거치면서 확립된 구어체 중국어) 소설 형식과 언어를 유지·개조·창신(創新)하였다. 순수문학과 대중(통속)문학의 벽을 깨고 진정한 아속공상(雅俗共賞, 식자와 서민이 함께 감상하고 즐기는 것)을 달성하였다"는 것이다.

소설가 산마오(三毛)는 "다른 사람의 소설을 별로 읽지 않지만 진용의 소설은 읽지 않을 수가 없다"라고 하였다. 『천룡팔부』의 초기 작품 상당 부분을 연재하였다고 알려진 베스트셀러 작가 니쾅(倪匡)은 "진용 소설의 훌륭함은 내가 그의 전집을 스물일곱 번 읽은 후에 내린 8자의 총평으로 대변된다. '고금중외 공전절후(古今中外 空前絕後)'이다"라고 하였다.

진용의 작품은 모두 유명하다. 『서검은구록(書劍恩仇錄)』(1955~1956), 『벽혈검(碧血劍)』(1956), 『사조영웅전』(1957~1959), 『설산비호(雪山飛狐)』(1959), 『신조협려』(1959~1961), 『비호외전(飛狐外傳)』(1960~1961), 『백마소서풍(白馬嘯西風)』(1961), 『의천도룡기』(1961), 『원앙도(鴛鴦刀)』(1961), 『소심검(素心劍)』이라고도 불리는 『연성결(連城訣)』(1963), 『천룡팔부』(1963~1966), 『협객행(俠客行)』(1965), 『소오강호』(1967), 『녹정기』(1969~1972), 『월녀검(越女劍)』(1969)이다. 이 중 『사조영웅전』, 『신조협려』, 『의천도룡기』를 '『영웅문』 시리즈'라 일컫는다. 또는 '사조삼부곡(射雕三部曲)'이라 한다.

『사조영웅전』은 곽정과 양강이라는 두 인물을 중심으로 전개되지만, 곽정과 황용의 전개가 더욱 이야기를 중심을 이룬다. 동사 황약사, 서독 구양봉, 남제 단지흥(일등대사), 북개 홍칠공, 중신통 왕중양, 구처기, 징기스칸, 툴루이 등 많은 인물이 등장한다. 북송의 정강의 변(靖康之變, 1126)에서 곽정과 양강이라는 이름이 만들어졌다. 정강(靖康)은 북송의 당시 연호다. 정강의 변은 송나라가 여진족의 금나라에 패하고, 황제 휘종과 흠종이 금나라에 잡힌 사건을 말한다. 드라마에 등장하는 구처기, 징기스칸, 툴루이는 실존 인물이다. 드라마를 통해 몽골·금나라·송의 역사를 간략하게 알 수 있다.

『신조협려』에는 양강의 아들 양과가 등장하고, 종남산 고묘파의 소용녀가 양과와 함께 주인공이다. 『신조협려』는 "신조, 그리고 의기로운 한 쌍"이라는 의미이다. 몽골군이 남송을 공격하고, 곽정과 황용은 양양성(襄陽城)을 지킨다. 양양성은 남송 방어의 핵심 지역인데, 양양성이 함락되고 이듬해 1279년 남송은 멸망한다. 『사조영웅전』과 연결되는 이야기로, 구처기와 몽케칸, 쿠빌라이칸은 실존인물이다. 『신조협려』에 나오는 이야기는 아니지만, 쿠빌라이가 칸이 될 때 고려의 태자(훗날 원종)가 몽골을 방문하였고, 쿠빌라이와 담판을 지었으며, 쿠빌라이가 칸이 되는 것을 지지하였다고 전해진다.

『의천도룡기』는 원나라 말을 시대적 배경으로 한다. 장무기가 주인공으로서 이야기를 이끌어간다. 실존인물인 태극권을 창시한 장삼풍(張三豊), 명을 세운 주원장(朱元璋), 그리고 상우춘(常遇春)과 서달(徐達) 등이 등장하고, 명나라를 건국하는 이야기도 나온다.

『천룡팔부』는 불교 용어로 불법을 지키는 여덟 신장(神將)을 뜻한다. 11세기 말 송나라 때 거란인이면서 한인으로 자란 소봉(교봉), 수많은 절기를 몸에 익히는 윈난 대리국의 왕자 단예, 소림사의 승려 허죽, 옛 대연국의 후예로 왕조 부흥을 꿈꾸는 귀공자 모용복 4인이 이야기의 중심이 되어 전개된다.

『녹정기』는 청나라 강희제(康熙帝) 시기를 배경으로 한 소설로, 주인공은 위소보(韋小寶)이다. 『녹정기』는 실존 인물과 역사적 사건에 허구적 상상력을 가미한 작품이다. 이 작품은 『명보』에서 1969년부터 1972년까지 연재되었다. 『녹정기』의 「서장. 천지회(天地會)」편에 제목과 관련된 이야기가 나온다. 제목에 나오는 '녹정(鹿鼎)'은 '사슴과 솥'인데, '천하의 패권'을 의미한다. 이와 관련된 이야기는 『사기』 「회음후열전(淮陰侯列傳)」에 나온다. '녹(鹿)'은 '축록(逐鹿, 사슴을 쫓다)'으로 '제위다툼'에 비유되는 말이다. 옛날에는 제위나 정권을 사슴에 비유하였다. '녹'은 한신(韓信)에게 유방(劉邦)을 믿지 말라고 충고하였던 괴철(蒯徹)의 일화에서 유래하였다. 괴철은 괴통(蒯通)으로 더 많이 알려졌다. 한신이 죽으면서 "괴통의 계책을 쓰지 못한 게 안타깝다. 아녀자에게 속은 것이 어찌 운명이 아니겠는가?"라고 하였다. '정(鼎)'은 '구정(九鼎)'을 가리키는 것으로, '군주의 권위'를 상징한다. 고대에는 '정'은 '왕권'을 의미한다.

2. 신파의 비조 량위성

1) 드라마와 영화

량위성(梁羽生)의 소설은 드라마나 영화로 많이 제작되었는데, 대표적인 소설이 『칠검하천산(七劍下天山)』, 『강호삼여협(江湖三女俠)』, 『백발마녀전(白髮魔女傳)』, 『평종협영록(萍踪俠影錄)』, 『운해옥궁연(雲海玉弓緣)』 등이다.

드라마로는 2004년에 쉬커(徐克)가 예술고문과 감독을 맡았고, 자오원주오(趙文卓, 조문탁)가 출현한 드라마 〈칠검하천산〉(40집)이 있다. 영화로는 2005년 홍콩에서 제작된 쉬커 감독의 〈칠검(七劍, Seven Swords)〉이 있다. 이 영화는 한국과 중국, 홍콩이 합작한 무협 영화이다. 견자단(甄子丹), 여명(黎明), 양채니(楊采妮)가 출연하였고, 한국의 김소연도 출연하였다.

1957년 작품인 『백발마녀전』은 명나라 말기를 배경으로 무당파 장문을 이어야 할 탁일항과 여도 옥나찰이라 불리는 신분과 세속의 규율을 넘어선 사랑이야기이다. 『백발마녀전』은 한국에서 『여도 옥나찰』(현대문화, 1987), 『백발마녀전』(태일출판사, 1993)으로 두 차례 번역되어 출판되었다. 한국에서는 원 제목을 『여도옥나찰(女盜玉羅刹)』로 잘못 아는 사람들이 많다.

홍콩에서 제작된 장국영(張國榮), 임청하(林靑霞) 주연의 영화 〈백발마녀전〉은 1993년에 〈백발마녀전〉과 〈백발마녀전2〉로 개봉하였고, 2009년에 재개봉하였다. 주요 내용은 다음과 같다.

명 말, 고아인 탁일항(卓一航, 장국영 분)이 8대 문파 중 하나인 무당파의 맹주 자양진 밑에서 무술을 익히고, 후계자로서 기대를 받으며 자란다. 문파의 장로인 백운은 무림의 전통을 깨고 딸 하록화를 맹주로 삼으려 해 탁일항을 눈의 가시로 여겼다. 하록화는 탁일항을 좋아하였으나, 아버지처럼 야심이 많았다. 그러던 어느 날 도장 밖을 나갔다가 늑대의 공격을 받아 도망가던 중 한 소녀의 도움을 받는다. 이후 시간이 흘러 외족의 침입을 받은 명나라의 분위기는 어지럽다. 무예계에서, 남매가 몸이 붙어 태어난 기형 인물 길무상이 이끄는 마교의 세력이 여덟 파의 중원 무림을 넘보고 있었다. 그런데 길무상은 자신들의 야욕의 수단으로 키운 살인 도구가 바로 늑대가 키웠다는 미모의 마녀(魔女, 임청하 분)였다.

2014년에 개봉한 장즈량(張志良) 감독의 〈백발마녀전: 명월천국〉은 판빙빙(范冰冰), 황샤오밍(黄晓明), 자오원주오(趙文卓) 등이 출연하였다. 이 영화는 비교적 원작에 충실한 작품이다. 주요 내용은 다음과 같다.

무당파 신임 장문 탁일항 (황샤오밍)은 황제에게 홍환을 진상하기 위해 상경하던 중 맑은 피리소리에 이끌려 간 동굴에서 아름다운 여인 옥나찰(판빙빙)을 만나게 된다. 그 후 입궁하여 황제에게 홍환을 진상하게 되는데, 얼마 지나지 않아 황제가 사망하게 된다. 이때 탁일항은 황제를 시해하였다는 누명을 쓴다. 탁일항은 백성들을 위해 관군에게 맞서 싸우고 있는 옥나찰을 보게 되고, 그녀를 돕게 되면서 두 사람은 서로 가까워지게 된다. 탁일항은 그녀에게 연예상이라는 이름을 지어주며, 명월채에서 함께 살 것을 약속하지만, 그를 체포하기 위해 금의위가 들어 닥치게 되고, 이때 탁일항은 연예상이 자신의 조부를 죽였다고 오해하게 된다.

한편, 2021년 6월 개봉한 〈백발마녀외전(White Haired Witch, 白髮魔女外傳)〉은 언뜻 보면 량위성의 『백발마녀전』이 연상되지만, 량위성의 『새외기협전(塞外奇俠傳)』이 원작이다. 백발마녀를 사칭하며 강호를 통합하고 온갖 악행을 일삼는 영화파를 조사하던 금의위 '상안(시준철)'이 실제 백발마녀 '연예상(황혁)'을 만나 영화파를 섬멸하기 위한 여정을 담았다. 이자성의 난 등으로 혼란한 명조 말기의 권력다툼과 음모 속에서 피어나는 사랑 이야기를 다루었다.

량위성의 마지막 작품인 『무당일검(武當一劍)』(42부작)이 2021년 5월 한국에 처음으로 방영되었다. 『무담일검』은 명나라 말기 역사를 배경으로, 소림과 더불어 강호의 양대산맥인 무당파에서 벌어진 음모와 진실을 파헤치는 소년의 이야기이다.

2) 작가 량위성

량위성(梁羽生, 1924~2009)의 본명은 천원퉁(陳文統)이다. '신파의 비조'라 불리는 량위성은 광시 멍산(蒙山)현 원웨이(文坼)향에서 태어났다. 량위성은 1949년 홍콩의 『대공보(大公報)』에서 근무하였다. 1954년 『신만보(新晩報)』에 신무협의 원조격인 『용호투경화(龍虎鬪京華)』를 연재하면서 작가로서의 명성을 얻기 시작하였다.

『칠검하천산』(1956), 『강호삼여협』(1957), 『백발마녀전』(1957), 『평종협영록』(1959) 등을 발표하며 신파무협의 거두로 자리잡았다. 작품 중에서 『평종협영록』, 『운해옥궁연』(1961) 등이 인기를 얻으면서 진용, 구룽과 함께 신파 무협소설의 3대가로 불리게 되었다. 량위성 본인이 꼽는 대표작은 『평종협영록』, 『여제기영전(女帝奇英傳)』(1961), 『운해옥궁연』이다.

량위성은 수필을 쓸 때에는 이름을 '량후이루(梁慧如)'라고 하였다. 그러다가 바이위와 관계가 깊었기에 이름을 '량위성'이라고 하게 되었다. 물론 무협소설을 쓸 때에도 량후이루라는 이름을 사용하기도 하였다. 량위성이 진용에게 무협소설을 쓰라고 권하였다고 전해진다.

1983년 『무당일검』을 끝으로 절필하고 1987년에 오스트레일리아로 이민을 갔다가 2009년 시드니에서 타계하였다. 영남의 저명한 여성학자인 셴위칭(冼玉淸)은 량위성을 "천성은 충후하고 솔직하며 진지하다. 근세에 보기 드문 경우이다"라고 평가하였다.

3. 타이완 무협소설가 구룡

구룡(古龍, 1938~1985)의 작품 중 영화와 드라마로 많이 만들어진 작품은 『초류향전기(楚留香傳奇)』, 『절대쌍교(絕代雙驕)』, 『유성호접검(流星蝴蝶劍)』, 『육소봉전기(陸小鳳傳奇)』 등이다.

1) 드라마와 영화

『절대쌍교』는 영화, 만화, 드라마로도 여러 차례 제작되었다. 1992년에 영화 〈절대쌍교(Handsome Siblings)〉로 처음 제작되어 상영되었는데, 유덕화가 주연으로 나왔다. 드라마로는 1999년 타이완에서 제작된 린즈링(林志玲)과 쑤여우펑(蘇有朋)이 주연한 〈절대쌍교〉가 유명하고, 2020년에도 넷플릭스 드라마로 제작되어졌다.

〈절대쌍교〉는 권력을 가진 이화궁(移花宮)의 궁주가 강풍(江楓)을 구해주고 그를 사랑하게 되지만, 그는 그녀의 시녀인 화월노(花月奴)를 사랑하게 되고, 임신한 그녀와 도망치는 도중에 두 명의 쌍둥이가 태어난다. 살아남은 한 명을 궁주가 데려가 키우는데 화무결(花無缺)이다. 다른 한 명은 소어아(小魚兒)인데, 연남천(燕南天)이 악인곡으로 데려갔고, 소어아는 악인들의 손에 자라게 된다.

구룡의 작품 중 『초류향전기』 시리즈도 영화와 드라마로 여러 차례 제작되었다. 정소추(鄭少秋)가 주연을 한 드라마 〈초류향〉 시리즈가 1980년대 한국 유선방송에서 방영되면서 많은 인기를 얻었다. 많은 배우들이 초류향을 분하였지만, 정소추가 분한 〈초류향〉이 인기가 가장 많았다.

2) 작가 구롱

구롱은 홍콩에서 출생한 대만의 무협소설가로 본명은 슝야오화(熊耀華, 웅요화)이다. 1960년 『창궁신검(蒼穹神劍)』으로 데뷔하였고, 대표작품으로는 『절대쌍교』, 『초류향전기』, 『천애명월도(天涯明月刀)』가 있다.

『절대쌍교』는 구롱의 초기 작품으로 『초류향』과 함께 대중소설로서의 재미가 가장 뛰어난 작품이라는 평가를 받는다. 진용에게 『사조영웅전』이 있다면, 구롱에게는 『절대쌍교』가 있다고 해도 과언은 아니다.

주요 작품으로는 『대기영웅전(大旗英雄傳)』(1963), 『완화세검록(浣花洗劍錄)』(1964), 『절대쌍교』(1966), 『다정검객무정검(多情劍客無情劍)』(1968), 『유성호접검(流星·蝴蝶·劍)』(1971), 『변성랑자(邊城浪子)』(1972), 『육소봉전기』(1976) 등이 있다.

구롱의 작품들 가운데서 『절대쌍교』와 함께 많은 인기를 얻은 작품이 '『초류향』 시리즈'이다. 먼저 『초류향전기』는 '철혈전기(鐵血傳奇)'라고도 부르는데, 이는 3개의 작품을 가리킨다. 3개의 작품으로는 『혈해표향(血海飄香)』(1967), 『대사막(大沙漠)』(1968), 『화미조(畵眉鳥)』(1969)

가 있다. 또 5개의 작품을 '초류향신전(楚留香新傳)'이라 부르는데, 『차시환혼(借屍還魂)』(1970), 『편복전기(蝙蝠傳奇)』(1971), 『도화전기(桃花傳奇)』(1972), 『신월전기(新月傳奇)』(1978), 『오야난화(午夜蘭花)』(1979)이다.

2019년 11월 국내 최초로 구롱의 작품 중에서 정식 판권 계약을 통해 『다정검객무정검』이 출간되었다. 『다정검객무정검』은 『소이비도(小李飛刀)』라고도 불리는데, 이 작품은 타이완에서 〈소이비도〉(1999)라는 제목의 드라마로 제작되어 방영되었다.

구롱은 『대기영웅전』 서언에서 자신의 소설을 3단계로 분류하였다. 초기는 전통 무협소설의 속박에서 벗어나지 못하였다고 하였다. 작품으로는 『창궁신검(蒼穹神劍)』, 『검독매향(劍毒梅香)』, 『고성전(孤星傳)』 등이다.

중기는 새로운 창작형태를 탐색하면서 점차적으로 자기 방식대로 나아갔다. 작품으로는 『대기영웅전(철해대기)』, 『무림외사(武林外事)』, 『철혈전기』 등이다.

후기는 구롱만의 독특한 품격을 이루었다. 작품으로는 『다정검객무정검』, 『초류향』, 『육소봉』, 『유성호접검』, 『칠종무기(七種武器)』 등이다. 한편, 자신에게 가장 큰 좌절을 안긴 작품은 『천애명월도(天涯明月刀)』라고 하였다.

4. 진용의 후계자라 불린 원루이안

신파 무협작가로서 구룡 이후 최고의 작가로 불리는 사람이 원루이안(溫瑞安, 1954~)이다. 진용은 자신의 후계자로 원루이안을 꼽았다.

원루이안의 작품들 중 드라마나 영화로 많이 제작된 소설은 『사대명포』이다. 한국배우 차인표가 2004년에 제작되었던 〈소년사대명포(少年四大名捕)〉에 출현하였다.

1) 『사대명포』를 제재로 한 드라마와 영화

『사대명포』는 드라마와 영화로 많이 제작되었다. 『사대명포』는 냉혈, 무정, 철수, 추명 네 명이 사건을 해결하는 내용이다. 드라마로는 〈벽력신포－사대명포 속집〉(1989), 〈소년사대명포〉(2003), 〈역수한－사대명표 계열〉(2004), 〈소년사대명포〉(2008)가 있다. 영화로는 〈사대명포〉 1·2·3이 있는데, 류이페이(劉亦菲, 유역비)가 주연으로 나온 〈사대명포 3: 종극대결전〉(2014)이 유명하다.

2014년에 방영된 44부작 〈소년사대명포〉가 중화TV에서 방영되었다. 〈사대명포〉는 명나라 중엽, 경성을 수호하는 네 명의 패기 넘치는 청년 수사단 〈사대명포〉와 사랑하는 여자를 잃고 세상에 복수를 꿈꾸는 황족 '안세경'의 대결을 그린 드라마이다.

드라마 〈소년사대명포〉는 1970년대 원루이안이 발표해 인기를 얻은 동명 소설인 『사대명포』가 원작이다. 1980년대부터 드라마와 영화로 많이 제작되었다.

2) 작가 원루이안

원루이안은 말레이시아 출생의 홍콩 작가이다. 원루이안은 포쾌(捕快, 형사), 즉 포졸이 사건을 파헤치고 도둑을 잡는 작품을 주로 써내었다. 기존의 무협소설가와는 차별되는 원루이안 자신만의 독특한 영역을 개척하였다.

대표작품으로는 『사대명포』계열, 『신주기협(神州奇俠)』계열, 『설영웅수시영웅(說英雄誰是英雄)』계열, 『도총리적시(刀叢里的詩)』, 『포의신상(布衣神相)』 등이다. 드라마로 제작되어지는 『경염일창』은 『설영웅수시영웅』의 세 번째 작품이다.

제4장 웹문학 – 웹소설

　중국에서 인터넷 문학 작품을 기반으로 만들어진 영화, 드라마, 게임들이 대중들로부터 많은 사랑을 받고 있다. 이에 따라 '인터넷 소설(웹소설 網絡文學) IP'가 중국 문화콘텐츠의 주요 제공처로 자리 잡고 있다.

　2011년 웹소설을 원작으로 한 드라마 〈보보경심(步步惊心)〉이 성공을 거둔 후 웹소설 IP 기반 드라마 제작이 열풍이 불기 시작하였다. 이에 따라, 독자 수가 크게 증가했으며, 2015년을 기점으로 모바일 웹소설 독자 수가 빠르게 증가하였다. 중국 인터넷 문학은 영화, 게임 등 연관 산업으로 파급되었고, 주요 산업으로 자리 잡고 있다.

　2015년 중국은 「중공중앙 사회주의 문예 번영 발전 의견」을 발표하였다. 우수한 원천 인터넷 문학 작품을 격려 및 주요 인터넷 문학 플랫폼에 대한 지원을 강화한다는 것이다. 그리고 2016년 「인터넷 문학 작품 판권 강화 관리 통지」를 발표하여 웹 문학서비스 제공자의 책임과 의무를 명확히 규정하고 웹 문학의 저작권 질서를 강화하였다.

2016년에 중국은 「전민열독 13.5시기 발전규획」을 발표하였고, '서향중국(書香中國)'을 슬로건으로 하여 독서 활동 조직을 격려하였다. 그리고 『전민열독촉진조례』를 발표하였다.

2021년 3월 18일, 중국사회과학원 문학연구소가 발표한 「2020년도 중국 온라인 문학 발전보고」에 따르면, 중국 웹소설 이용자 규모는 46,700만 명으로 전체 인터넷 이용자 수의 47.2%를 차지하였다.

탕치(唐七)의 온라인 소설 『삼생삼세십리도화(三生三世十里桃花)』도 인기를 끌어서, 동명의 영화와 웹드라마로 제작되었고, 일반도서와 만화로 출간되기도 하였다. 여우쿠 플랫폼을 통해 방영된 드라마 〈삼생삼세십리도화〉(2017)는 300억 회에 달하는 시청 횟수를 기록하였다. 한국에서도 여러 차례 방영되었다. 이 소설은 2016년 11월 〈2016 중국범오락지수성전(2016中國泛娛樂指數盛典)〉 "중국IP가치랭킹 – 웹문학 랭킹 Top10"에 포함되었다.

최근 미국 등의 서방국가에서는 중국 외교를 '잔랑외교(戰狼外交)'라고 부르고 있는데, 이는 영화 〈잔랑(戰狼)〉과 관련이 있다. 그리고 〈잔랑2〉(2017)는 인터넷 문학의 성공적인 사례다. 〈잔랑2〉의 원저는 〈잔랑〉 시리즈의 편집인 둥췬쯩(董群曾)이 펀우야오지(紛舞妖姬)라는 이름으로 2006년에 발표한 인터넷 소설 『탄흔(彈痕)』이다.

한편, 중국 후룬연구원(胡潤研究院)이 발표한 "인터넷 문학작품 IP가치 TOP 100 명단"에 따르면, 대부분의 웹소설 IP가 영화나 드라마로 제작되었음을 알 수 있다. 그중 1위를 차지한 『더우포창충(鬪破蒼穹)』은 총 열람횟수가 100억 건에 달하였다. 이 소설은 애니메이션과 게임으로 제작되었다. 또 『랑야방(琅琊榜)』도 성공한 작품으로 거론된다.

중국 시장조사기관 아이리서치(iResearch)에 따르면, 중국 인터넷 소설(웹소설) 독자의 약 80%가 20~30대라고 한다. 신세대들이 스마트폰을 통해 문학을 소비하기 시작하였다. 젊은 계층을 중심으로 성장하고 있는 온라인 소설은 영화, 드라마, 게임, 캐릭터 시장으로 파생되었다.

인터넷 문학이 발전하게 된 배경은 시진핑 정부의 "인터넷 문학+"와 관련이 있다. 시진핑은 2017년 제19차 전국대표대회에서 "국제 홍보를 위해 중국의 스토리를 알리고, 진실되고 입체적인 중국을 보여줌으로써 국가의 '문화소프트파워'를 키울 것"을 강조하였다. 중국 정부는 "인터넷 문학+컨퍼런스" 일환으로 "인터넷 문학 나아가다" 포럼 및 "자유무역지구 배경 하 인터넷 문학의 해외 진출" 포럼 등을 주최하였다. 해외에서도 중국 인터넷 문학을 선호하는 편인데, 그 이유는 해외 판타지 문학에 만족하지 못한 해외 독자들이 중국 인터넷 문학을 찾고 있다는 것이다. 해외독자들은 중국 인터넷 문학의 가장 큰 장점으로 풍부한 상상력을 꼽았다. 해외독자들은 중국 인터넷 문학의 복잡하고 독특한 구성에 흥미를 느끼고, 주인공의 통쾌한 액션 등을 좋아하는 것으로 나타났다.

1. <랑야방: 권력의 기록>과 『랑야방』

"그를 얻는 자, 천하를 얻을 것이다."

드라마 〈랑야방: 권력의 기록〉(〈랑야방〉이라고도 함)을 본 사람이라면, 누구를 가리키는지 알 수 있을 것이다. 이를 달리 말하면 "매장소를 얻는 자가 천하를 얻는다"이다.

소설 『랑야방』은 〈랑야방: 권력의 기록〉이라는 제목으로 중국 베이징TV와 상하이 둥방TV에 동시 편성되면서 2015년 9월 19일부터 10월 15일까지 방영되었던 드라마이다. 중국 50개 주요 도시 시청률에서 1위를 기록하였고, 방송 초기에 일일 온라인 조회수 약 3억 3000만 건에 달하였다고 한다.

드라마 〈랑야방: 권력의 기록〉은 웹

소설을 원작으로 제작되었다. 한국에서도 드라마 〈랑야방〉의 인기는 매우 높았다. 웹소설 『랑야방』의 조회수도 35억 회를 초과하였다. '기점여성망(起點女生網, www.qdmm.com)'이라는 여성작가 대상 인터넷 문학 사이트에서 『랑야방』이 게재되었다. 이곳은 『랑야방』뿐만 아니라 『보보경심』도 게재된 곳이다.

중화TV 방영 당시 드라마 〈랑야방〉은 개국 이래 최고 기록인 0.6%의 시청률을 달성하였고, 유료 영상플랫폼인 Tiving에서는 총 60만 회 이상의 조회수를 기록하였다. 〈랑야방〉이 인기를 끌면서 〈랑야방〉 관광 상품이 출시되었고, 촬영 셋트장인 상산영시성(象山影視城)을 보러오는 사람도 많았다. 드라마 원작소설의 번역본도 한국에서 출간되었다.

주요 줄거리는 위진남북조 시기의 양(梁)나라 장군 임섭과 아들 임수(林殊)가 이끌던 7만의 적염군(赤焰軍)은 간신배들의 모함을 받고 전멸하였다. 이때 살아남은 임수는 매장소라는 이름으로 도성 금릉으로 돌아와 복수를 하며 절친한 친구이자 세력이 전혀 없는 황자 정왕을 황제에 등극시킨다.

　매장소가 이끄는 랑야방은 세상의 모든 정보를 수집하는 무림 명문 종파로서, 강호 고수들의 순위를 매겨 발표하기도 하고 각국의 은밀한 고객들의 의뢰를 받아 지략을 제공하기도 한다.

　드라마를 여러 차례 보다 보면 앞에서 언급되었던 대사들이 뒤에 나오는 내용들을 언급하는 경우가 많다. 즉 군데군데 복선이 깔려 있기 때문에, 한 번 보기보다는 두세 번 정도 보면 더욱 재미를 느낄 수 있다.

2. <보보경심>

　2011년 중국에서 드라마로 제작되어 동일한 제목으로 방영되었던 웹소설 『보보경심(步步惊心, Scarlet Heart)』은 2016년 한국 SBS TV에서 <달의 연인－보보경심 려>로 리메이크되어 방영되었다.

　『보보경심』은 퉁화(桐華)가 2005년에 쓴 로맨스 소설이다. 2013년 대한민국에서 번역되어 출판되었다. 『보보경심』이 드라마로 대성공을 거두게 되자, 웹소설 IP를 원저로 하는 드라마 제작 열풍이 일어났다. 특히 2015년을 기점으로 모바일 웹소설 독자 수가 빠르게 증가하였다. 아이리서치에 따르면, 2016년 중국 웹소설 독자는 3억 명을 넘어섰다. 이 중 2억 1,700만 명은 PC를, 2억 6,500만 명은 모바일 웹소설

플랫폼을 이용한 것으로 나타났다.

『보보경심』은 현대 여성인 장샤오(張曉)가 우연히 청나라 시대로 타임슬립(Time Slip, 두 개 또는 그 이상의 서로 연결된 타임라인을 갖는다. 어떤 사람 또는 어떤 집단이 알 수 없는 이유로 시간을 거스르거나 앞질러 과거 또는 미래에 떨어지는 일을 말한다)하면서 벌어지는 이야기이다. 장샤오가 과거의 약희의 몸으로 깨어나는 것에서 시작된다.

『보보경심, '한 걸음 한 걸음 조심스럽게'』의 저자인 퉁화가 한국에 방문하였을 때 인터뷰를 하였는데, 인터뷰 내용에서 책 제목에 담긴 의미를 알 수 있다. 저자는 책 제목에 3가지 의미가 담겨 있다고 하였다.

첫째는 주인공 약희가 궁에 들어가서 살얼음판을 걷듯이 살아가는 모습이고, 둘째는 그런 상황에서 약희가 사랑하게 된 사람이 황자였고, 그 때문에 자신의 마음을 조심스럽게 표현할 수밖에 없는 모습이라는 것이다. 셋째는 황자들의 삶을 뜻한다고 하였다. 황자들의 삶은 항상 보이지 않는 싸움을 하고 권력을 다투는 자리다보니 말과 행동이 늘 조심스럽다는 것이다. 그렇기 때문에, 『보보경심』에 등장하는 인물들의 심리상태를 아우를 수 있는 제목이라고 하였다.

3. 〈장안12시진〉

2019년 6월 중국 여우쿠에서 방영되었던 드라마 〈장안십이시진(長安十二時辰)〉(48집)은 한국에서는 2020년 중화TV에서 〈장안12시진〉이라는 제목으로 방영되었다. 드라마 〈장안십이시진〉의 원작은 만주족 마보융(馬伯庸)이 웨이보에서 연재한 웹소설 『장안십이시진』이다. 이 소설은 2017년 1월 후난문예출판사(湖南文藝出版社)에서 출간되었다.

총 제작비 6억 위안(약 1천억 원)을 들여 제작한 드라마 〈장안십이시
진〉의 시대적 배경은 당 현종 때인 천보(天寶) 3(744)년이다. 이 드라마
는 서역의 위협에 대비하여 신설된 특수기관 정안사(靖安司) 관료인
이필(李必)이 수도 장안에 침입한 돌궐족의 테러 계획을 감지하며 24
시간 동안 벌어지는 수사극이다. 중국판 '미국 드라마 〈24〉'라 할 수
있다.

이필은 돌궐 정예병에 대응하기 위해 전직 수사관이자 사형수인
장소경(張小敬)을 석방한다. 이필의 지략과 장안 108방(2m 높이의 담장
으로 둘러싸인 108개의 직사각형 방)을 훤히 꿰뚫고 있는 장소경의 활약
으로 테러의 배후 세력을 파헤친다. 드라마 삽입곡을 각색하여 만들
어진 〈장안십이시환상곡(長安十二時幻想曲)〉은 영상을 올리자마자 600
만 이상 재생되었다.

드라마 〈장안십이시진〉은 스토리뿐만 아니라 의상, 촬영장, 삽입곡
등에서 좋은 평가를 받았다. 이 드라마는 2019년 부산국제영화제에서
최우수 남우주연상을 수상하였다. 그리고 2020년 제26회 상하이 TV
페스티벌 백옥란(白玉蘭)상에서 국제전파상, 최우수 촬영상, 최우수

미술상을 수상하였다. 또 2020년 제30회 중국TV드라마 금응장(金鷹獎)에서 우수드라마상과 최우수 촬영상을 수상하였다.

　소설 『장안십이시진』은 한국에서 2018년에 『장안 24시』로 번역되어 출간되었다. 소설 『장안십이시진』에는 "문학은 인터넷 사유에 기반해야 한다."고 밝힌 마보융의 철학이 잘 반영되어 있다.

제5장 읽어두면 좋은 문학작품

1. 『금고기관』

　중국 문학작품 중『금고기관(今古奇觀)』은 그렇게 많이 알려지지 않았다. 한국에서도 출간된 책의 종류도 1종에 불과하다. 2012년에 '지식을만드는지식'에서 번역되어 나온『금고기관』뿐이다. 그렇지만『금고기관』이 다루는 내용은『삼언이박(三言二拍)』에서 골라 편찬한 내용이기 때문에 간단하게 읽기는 좋다.

　『금고기관』은 명대 단편 백화소설 선집(選集)이다. 포옹노인(抱甕老人)이라는 편자 서명이 있어서 편찬자가 포옹노인임을 알 수 있다. 모두 40편으로, 풍몽룡(馮夢龍, 1574~1646)의『삼언(三言)』과 릉몽초(凌濛初)의『이박(二拍)』에서 골라 편찬한 것이다. 그래서 이 작품은『삼언』과『이박』의 축약본이라 할 수 있다. 하지만 내용은『삼언』에서 뽑은 것이 29편으로 압도적으로 많다. 풍몽룡의 『삼언』은 『성세항언』, 『유세명언』, 『경세통언』이고, 능몽초의 『이박』은 『박안경기(拍案驚奇)』, 『이각박안경기(二刻拍案驚奇)』이다.

『금고기관』의 최초 간행은 명나라 말기 숭정(崇禎) 5년(1632)에서 숭정 17년(1644) 사이에 이루어진 것으로 추정된다. 원제는 『고금기관(古今奇觀)』으로, 고금을 통틀어 기이한 이야기들을 담았음을 표방하였다. 일명 『유세명언이각(喩世明言二刻)』으로, 『금고기관』의 주요 출처인 『삼언』 가운데 최초의 선집인 『유세명언』(일명 '고금소설(古今小說)')과의 관련성을 드러낸다.

최초의 판본은 명대 오군(吳郡) 보한루(寶翰樓) 간본(刊本) 및 『개자원화보(芥子園畫譜)』로 유명한 청대 개자원(芥子園) 각본(刻本) 등이 대표적인 판본이며, 그밖에도 청문영당간본(淸文英堂刊本), 공화서국본(共和書局本, 1914) 등 수십 종의 판본이 전한다. 보한루 간본은 '포옹노인정정(抱甕老人訂定)'이라고 명기되어 있고, 서문 가운데 '황명(皇明)' 두 글자가 나오는 부분에서 행을 바꾸고 올려 쓰기를 한 것으로 보아 명말 간본인 것으로 추정하는 근거가 되고 있다.

각 편마다 상란에 미비(眉批)가 수록되어 있으며 40폭의 정교한 삽화가 수록되어 있다. 현재 상하이도서관에 명말 간본으로 추정되는 판본 1종이 소장되어 있다. 그리고 프랑스국립도서관에도 소장되어 있다.

『금고기관』의 주요 내용은 세상 이야기가 많은 부분을 차지한다. 특히 당시 서민의 생활상과 윤리도덕 등을 알 수 있다. 신비하거나 괴이한 이야기는 거의 담지 않았다. 『금고기관』의 소재 중 '두십랑노심백보상(杜十娘怒沈百寶箱)', '매유랑독점화괴(賣油郞獨占花魁)', '옥당춘락난봉부(玉堂春落難逢夫)' 등은 민간에 널리 전승되었는데, 사랑이야기이다.

『금고기관』은 18세기에 프랑스·영국·독일 등 여러 나라에 전해졌으며, 유럽에 소개된 최초의 중국소설집이다.

2. 『요재지이』

　'중국판 전설의 고향'이라 할 수 있는 『요재지이(聊齋志異)』를 원작으로 하는 영화나 드라마가 제작되었다. 대표적인 사례가 1987년에 제작된 영화 〈천녀유혼(倩女幽魂)〉

이다. 〈천녀유혼〉은 『요재지이』의 섭초천 원본을 각색한 것이다. 그리고 2008년에 개봉한 영화 〈화피(畵皮)〉와 2011년에 방영된 드라마 〈화피〉(34집)도 있다. 〈화피(Painted Skin)〉는 '사람의 피부를 그리다'라는 뜻이다. 〈화피〉는 인간을 사랑하게 된 아름다운 요괴와 사랑을 위해 스스로 운명을 바꾼 여인의 사랑을 동시에 받는 용맹한 한 장군의 엇갈리고 기이한 사랑을 그렸다.

　『요재지이』는 청나라 초기 1697년에 만들어진 소설로, 신선·여우·귀신 등을 소재로 현실을 반영하였다. 민간에 널리 알려진 이야기를 담고 있으며, 총 16권으로 431편(혹은 498편)의 이야기가 실려 있다. 『요재지이』는 지괴(志怪)와 전기(傳奇)의 문체로 쓰였다.

　저자는 포송령(蒲松齡, 1640~1715)이다. 포송령의 자는 유선(留仙)이고, 호는 유천(柳泉)이다. 『요재지이』는 필기체 소설로 되어 있는데, 포송령은 화본소설 형식에서 벗어나 고전문학 형식인 문언체 소설을 되살렸다.

'요재'는 포송령의 서재 이름이고, '지이'는 "괴이하고 기이한 것을 기록하였다"는 뜻이다. 『요재지이』는 옴니버스 형식의 소설이다. 작품 하나하나가 환상적인 설화를 통해 심각하고 현실적 의미를 전달하고 있다. 장소적 배경은 주로 산둥 일대이고, 명대부터 청대에 이르기까지의 복잡하고 다양한 인간사를 다루었다.

『요재지이』에는 남녀 간의 애정을 주제로 한 작품이 가장 많다. 당시 사회가 안고 있던 정치·사회적 모순을 예리한 펼치로 비판하였다. 그리고 예법에 짓눌린 청춘남녀들의 과감한 애정행위를 긍정적인 시선으로 바라보았다. 봉건적인 결혼제도를 비판함으로써 반예교(禮教)의 정신을 표현하였다.

탐관오리의 악행, 토호의 횡포 등에 대한 신랄한 비판은 『요재지이』의 중요한 주제 중의 하나이다. 그리고 『요재지이』는 과거제도의 폐단을 폭로하였다. 과거제도가 조성한 출세지향주의를 비판하였고, 시험관이 불공평하고 사리사욕을 취함에 따라, 인재가 매몰되는 현실을 풍자하였다. 또 『요재지이』에는 요괴와 인간의 교정(交情)을 중심으로 전개되는 정화(情話)가 많다. 모란과 인동(忍冬)의 아름다운 꽃의 정(精)에 무한한 애정을 갖는 향옥(香玉)의 이야기가 대표적이다.

한편, 사람이 살아가면서 일어나는 모든 일의 성패는 운에 달려 있는 것이지 노력에 달려 있는 것이 아니라는 말로 사용되는 성어 '운칠기삼(運七技三)'이라는 이야기는 『요재지이』에 나온다. 즉, '운이 7할이고, 재주(노력)가 3할'이라는 뜻이다. 곧 모든 일의 성패는 운이 7할을 차지하고, 노력이 3할을 차지하는 것이어서 결국 운이 따라주지 않으면 일을 이루기 어렵다는 뜻이다.

한국에는 조선시대 이규경(李圭景, 1788~1863)의 『오주연문장전산고(五洲衍文長箋散稿)에『요재지이』가 처음 저록(著錄)되어 있다. 이 책은 1800년대 초 헌종 시기에 저술한 백과사전인 유서(類書)이다. 총 60권 60책이며, 현재 서울대학교 규장각에 소장되어 있다. 그래서 19세기 중반 이전에 조선으로 들어온 것으로 추정하고 있다.

3. 『봉신연의』

중국판 판타지 소설이라고 할 수 있는『봉신연의(封神演義)』는 드라마나 영화 및 애니메이션으로도 많이 제작되어진다. 최근에는『봉신연의』를 제재로 한 드라마와 애니메이션이 한국 케이블 방송이나 유튜브에서 많이 볼 수 있다. 특히 2020년에 개봉된 애니메이션 〈강자아 (Legend of deification)〉는 전편을 볼 수 있다.

『봉신연의』는 일반적으로『봉신방(封神榜)』이라 부른다. 또『상주열국전전(商周列國全傳)』,『무왕벌주외사(武王伐紂外史)』,『봉신전(封神傳)』이라고도 부른다.

『봉신연의』는 명대의 장회체(章回體) 백화소설이다. 은(殷)나라에서 주(周)나라로 바뀌는 왕조 교체기를 다루고 있다. 이전부터 내려오던 『무왕벌주평화(武王伐紂平話)』가 그 원전이다.

『삼국지연의』와 쌍벽을 이루는 『봉신연의』의 저자에 대해서는 의견이 분분하다. 육서성(陸西星, 1520~1606?)이라는 설도 있고, 허중림(許仲琳, 1560~1630)이라는 설도 있다. 하지만 명대 작품이라는 점에는 이견이 없다.

『봉신연의』의 전신은 송·원 시기에 성립된 『무왕벌주평화』이다. 100회본의 『봉신연의』가 성립한 시기는 대체로 명 목종(穆宗) 융경(隆慶) 연간(1567~1572)에서 명 신종(神宗) 만력(萬曆) 연간(1573~1620)에 이르는 시기로 보고 있다.

현존하는 가장 오래된 판본은 일본 내각문고(內閣文庫)에 소장된 만력 연간의 『서재양각본(舒載陽刻本)』인데, 이것은 21권 100회본이며 〈무왕벌주외사〉라는 별도의 제목이 붙어 있다.

작품의 배경은 기원전 11세기 초 은나라 주왕이 다스리던 시기이다. 주인공은 원시 천존의 직제자로 곤륜산에서 40년을 수행한 '강자아(姜子牙)'이다. 강자아는 '강태공'으로 알려진 인물이다. 강자아는 스승인 원시천존으로부터 봉신의 명을 받고 하계에 내려와 '희창'(뒷날, 주 문왕)을 도와 은을 멸망시키고 주 왕조를 세운다.

한국에서 방영된 드라마 〈전설의 고향〉에서 가장 먼저 떠오르는 게 '구미호(九尾狐)'다. 이 구미호를 『봉신연의』에서 찾을 수 있다. 『봉신연의』에서는 은나라 때 아름다운 여자로 변신한 달기(妲己)라는 '구미호'가 주왕을 홀려 사람들을 죽이고 사악한 짓을 하다가 주 무왕(武王)의 손에 죽임을 당하는 것으로 나온다.

4. 『삼협오의』

『삼협오의(三俠五義)』를 소재로 하여 만든 드라마로서 널리 알려진 것은 타이완에서 제작한 〈포청천(包靑天)〉(1993)이다. 한국에서는 〈판관 포청천(判官 包靑天)〉(1994)

이라는 제목으로 방영되었다. 이 드라마의 OST "판관 포청천"도 매우 유명하였다. 노래의 원 제목은 "노서애상묘(老鼠愛上貓)"이다. 영화로는 〈이묘환태자(狸猫換太子, 살쾡이로 태자를 바꾸다)〉(1927)가 있고, 〈돌아온 판관 포청천: 통판겁〉(2008) 등이 있다.

드라마 〈포청천〉은 청 대 소설 『삼협오의』를 원작으로 한다. 그런데 2015년에 방영된 〈신탐포청천(神探包靑天)〉은 『삼협오의』를 원작으로 하지만, 기존의 드라마와는 스토리 전개에서 다소 차이가 난다.

『삼협오의』는 청나라 말 석옥곤(石玉昆)이 야담(野談)을 필기한 자신의 이야기책을 모아 1879년에 간행한 소설이다. 석옥곤은 19세기 중엽 베이징 일대에서 포청천의 이야기로 유명한 설강인(說講人)이었다. 그가 설창(說唱)한 『용도공안(龍圖公案)』을 실명씨(失名氏)가 개편하였고, 동치(同治) 10년(1871)에는 문죽주인(問竹主人)이 1차 수정하여 120회본으로『삼협오의』를 만든 후 이름을『충렬협의전(忠烈俠義傳)』이라 하였다.

문죽주인은 스스로 "그러므로 제목을 '충렬협의'라는 4글자를 취하였고, 120회로 엮었다"라고 말하였다. 광서(光緒) 원년(1875)에는 문죽주인이 수정한 원문을 입미도인(入迷道人)이 다시 2차 수정하여 광서 5년에 출판하였다.

『삼협오의』가 출간된 후 광서 8년(1882)과 광서 9년(1883)에 문아재(文雅齋)에서 이전에 출간된 것을 복각(覆刻)하여 출판하였다. 이때 서두에 '석옥곤술(石玉昆述)'이라 서명되어 있고, 서문에는 "문죽주인원작(問竹主人原作), 입미도인편정(入迷道人編訂)"이라고 쓰여 있다.

『삼협오의』는『포공안(包公案)』과『용도공안』을 참고하여 120회본으로 축약한 소설이다. 청 말 혼탁한 정세와 결부되어 크게 대중화되고 유행하였다. 특히 책 중간 중간에 삽화를 삽입하는 기법 때문에, 많은 독자들에게 호응이 좋았다.『삼협오의』는 북송 시기의 판관인 포증(包拯, 包青天)이 여러 협객들과 함께 송사(訟事)를 공명정대하게 처리하고, 약자를 돕고 악한들을 징벌하는 내용으로 구성되어 있다. 이러한 내용이기에 의협소설(義俠小說)이면서 공안소설(公案小說)로도 분류된다.

『삼협오의』는 북송 진종(眞宗) 때 유비(劉妃)가 '살쾡이로 태자를 바꾼(狸猫換太子)' 사건을 단서로 삼아 제1회에서 제27회까지는 포증의 탄생, 결혼, 관직 및 재판의 사적을 서술하고, 포증이 개봉의 지사가 되어 민간에 유폐된 이비(李妃)를 만나 '살쾡이로 태자를 바꾼' 사건의 전말을 듣고 진실을 밝히는 내용을 서술하였다. 인종(仁宗)이 이씨(李氏)가 친어머니임을 알고 궁궐로 모셔 대의를 바로 잡는다는 이야기로 결론을 맺고 있다. 이 이야기는 드라마 〈포청천〉에서 여러 차례 다루었다.

제28회부터 제68회까지는 협객 전소(展昭)와 백옥당(白玉堂) 무리인 오서(五鼠)와 겨루는 이야기로 시작된다. 오서는 함공도에 거주하고 있었는데, "찬천서(鑽天鼠) 노방(盧方), 철지서(徹地鼠) 한창(韓彰), 찬산서(竄山鼠) 서경(徐慶), 번강서(飜江鼠) 장평(蔣平), 금모서(錦毛鼠) 백옥당"을 가리킨다. 이들은 포증에게 감화되어 귀순하는 과정에서 범중우(范仲禹)와 같은 청렴한 관리들은 보호하여 천거해주고, 손진(孫珍) 등과 같은 포악한 무리들은 탄핵하여 징벌하는 내용을 서술하고 있다. 황제가 오서에게 오의(五義)라는 별호를 내려주었다.

제69회부터 마지막인 제120회까지는 안사산(顔査散)과 황제의 숙부인 양양왕(襄陽王) 조각(趙珏)을 둘러싼 사건을 중심으로 협객 구양춘(歐陽春) 등이 힘을 합해 반역을 도모했던 양양왕의 무리들을 제거하고 안사산에게 가했던 음모들을 파헤치며 사건을 해결한다. 마지막으로 여러 협객들이 조각의 무리들을 토벌하기 위해 군산에 집결하는 것으로 끝을 맺는다.

포증의 이야기에서 시작된 화본소설 『포공안』, 『포용도판백가공안(包龍圖判百家公案)』은 명과 청을 거쳐 『용도공안』, 『삼협오의』, 『칠협오의(七俠五義)』로 발전하였다. '삼협'은 '남협(南俠) 전조(展昭), 북협(北俠) 구양춘, 쌍협(雙俠) 정조란(丁兆蘭)과 정조혜(丁兆惠)'이다.

'칠협'은 판본 1에서는 "남협, 북협, 쌍협, 소협(小俠) 애호(艾虎), 은협(隱俠, 소제갈小諸葛이라고도 함) 심중원(沈仲元), 흑요호(黑妖狐) 지화(智化)"이고, 판본 2에서는 '소협 애호' 대신에 '백면판관(白面判官) 류청(柳青)'이 들어간다. 그리고 개봉부의 "포증(包拯), 공손책(公孫策), 전조, 4호법(왕조王朝, 마한馬漢, 장용張龍, 조호趙虎)"을 '개봉칠자'라 부르기도 한다.

그리고 일본에서 출간된『북송풍운전(北宋風雲傳)』은 타키구치 링링 (滝口 琳々)이 지은 순정만화로『삼협오의』를 원작으로 하였다. 만화잡지『프린세스 GOLD』에서 2000년 5월부터 2008년 5월까지 연재되었다. 이 잡지는 1979년에『월간 프린세스』의 증간호로 탄생하였으며, 2018년 2월 16일에 발매되는 4월호를 마지막으로 종이잡지의 발행을 종료하였다.

5. 『경화연』

청대 장편소설『경화연(鏡花緣)』의 콘텐츠는 오늘날 TV 드라마와 애니메이션 등으로 다양하게 제작되고 있다. 그리고 애니메이션 〈경화연〉은 1991년 영화로도 제작되었다.

『경화연』은 이여진(李汝珍, 1763~1830)의 작품이다. 이여진은 1810년경부터 10여 년에 걸쳐서 집필하였다. 신화적 색채가 농후하다.『경화연』이란 이름은 '경화수월(鏡花水月, 거울 속의 꽃, 물 속의 달)'이란 말에서 따온 것으로 작가 이여진이 꿈꾸는 세계가 공허하여 실현될 수 없음을 비유하는 말이다.『경화연』은 영어와 러시아어, 독일어와 일본어 등으로 번역되어 있다.

『경화연』의 주요 내용은 과거에 낙방한 주인공 당오(唐敖)가 친구인 다구공(多九公), 처남인 임지양(林之洋)과 함께 배를 타고 길을 떠나는 것으로 시작한다. 가족과 헤어져 길을 떠난 당오 일행은 배를 타고 30여 개 나라를 돌아다닌다. 다양한 풍속을 접하고 기이한 사람들을 만나며 괴이한 사건에 휘말려든다. 기이한 풍속을 지닌 나라들을 묘사함으로써 당시 중국의 문제를 풍자하고 비판하였으며, 소설의 곳곳에서 저자의 학식을 마음껏 발휘하여 재학소설(才學小說)이라고도 불린다.

6. 『노잔유기』

『노잔유기(老殘遊記)』는 청대 말 소설이다. 작가는 유악(劉鶚, 1857~1909)으로, 자는 철운(鐵雲)이다. 유악은 의화단(義和團) 사건 때, 정부미(米)를 독단으로 난민 구제에 사용하였다가 신장으로 유배되었고, 병으로 사망하였다.

『노잔유기』는 1904년 『수상소설(繡像小說)』에 13회까지 연재되었고, 후에 『톈진일일신문(天津日日新聞)』에 다시 연재되어 20회로 완결되었다. 그리고 1906년 상무인서관(常務印書館)에서 간행되었다. 제목에서 보이는 '유기(遊記)'란 '여행자의 기록'이라는 의미이다. 아직 『노잔유기』를 제재로 한 영화나 드라마는 제작되지 않았지만, 도서로는 여러 차례 출간되었다. 한국에서도 2009년에 『라오찬 여행기』라는 제목으로 번역되어 출간되었다.

루쉰은 『중국소설사략』에서 『노잔유기』를 청말 4대 견책소설(譴責小說)의 하나로 평하였다. 4대 견책소설은 이보가(李寶嘉)의 『관장현형기(官場現形記)』, 오옥요(吳沃堯)의 『20년 목도지괴현상(目覩之怪現狀)』, 유악의 『노잔유기』, 금송잠(金松岑)과 증박(曾樸)의 『얼해화(孽海花)』이다. 견책소설이라는 용어는 루쉰이 『중국소설사략』에서 처음 사용하였고, 청나라 말기에 주로 신문·잡지에 연재되었다.

『노잔유기』의 주요 줄거리는 노잔(老殘)이라는 의사가 각지를 유력(遊歷)하며, 관리의 무능과 사리를 꾀하는 생태를 폭로하였다. 그리고 청렴을 자인(自認)하는 관리가 잘못된 신념을 가졌을 경우, 더욱 커다란 위험이 발생한다고 지적하였다.

『노잔유기』에서 "탐관오리보다도 청렴을 가장하여 공(功)을 세우려고 하는 관리의 독선과 위선이 더 나쁘다"고 지적하였다. 『노잔유기』 16회에 나오는 강필(剛弼)이라는 청관은 스스로 돈을 도모하지 않는다고 여겨 사람 목숨을 파리 목숨처럼 죽이고도 마음에 부끄러움을 느끼지 않았다.

중국과 프랑스 간의 문화교류에 탁월한 공헌을 한 성성(盛成, 1899~1996)은 『노잔유기』를 프랑스어로 번역하였다. 성성은 발레리 발쟈크 등의 작품을 중문으로 번역하여 소개하였다.

유악은 갑골문을 최초로 수집한 사람으로 유명하다. 1903년에 발행한 『철운장귀(鐵雲藏龜)』는 갑골문을 연구한 초기 작품이다. 최초로 갑골문을 발견하여 '갑골문의 아버지'로 불리는 왕의영(王懿榮)은 죽기 전에 아들 왕숭열(王崇烈)에게 소장하고 있는 갑골 1500여 조각을 믿을 만한 사람인 유악에게 전해라고 하였다.

갑골을 전해 받은 유악은 수천 조각의 갑골을 수매하여 연구하기 시작하였다. 1903년에 5000여 조각의 갑골에서 문자가 비교적 많이 있는 1058조각을 골라서 『철운장귀』를 탁본하였는데, 이는 중국에서 공개된 갑골문을 보존하고 기록한 첫 번째 책이다. 이때부터 '갑골문'이라는 말이 등장하였다.

제3부 사(史)

중국에서는 역사를 다루는 드라마를 고장(古裝)극이라고 부른다. 이러한 드라마를 보면 실제로 알고 있는 역사와 다르게 전개되는 경우가 있다. 허구가 가미된 채 스토리텔링을 한 경우도 있지만, 왜곡된 역사 내용이 들어가는 경우도 있다. 그렇기 때문에 역사를 제재로 한 드라마를 볼 때는 실재 역사와 다른 부분을 알아야 한다.

중국 역사를 제재로 하여 만들어진 드라마와 영화를 보면, 중국에서 중화민족주의가 표출될 즈음에, 주요 왕조의 통일기와 태평성세 시기를 다룬 작품들이 많은 것을 알 수 있다. 대표적인 사례가 진(秦)·한(漢)·당(唐)·명(明) 통일 시기를 제재로 삼고, 한무제·당태종·송인종 시기를 다루거나, 청대의 강희제·옹건제·건륭제 시기(강옹건성세康雍乾盛世)를 제재로 삼는다. 그리고 주요 역사 사건, 주요 황제 및 인물을 소재로 한다.

중국에서는 정부가 지향하는 방향에 따라 제작되는 콘텐츠가 많다. 이러한 작품을 통해 중국정부는 애국주의와 중화민족주의를 호소하고 있다. 그렇기 때문에 역사를 제재로 한 콘텐츠를 접할 때는 역사왜곡이나 중화민족주의 등을 잘 관찰해야 한다.

제1장 〈대진제국〉을 통해 진(秦)의 역사를 읽다

1. 〈대진제국〉 시리즈

〈대진제국(大秦帝國)〉 시리즈를 보면 약소국이었던 진나라가 어떻게 강대국이 되었고, 혼란하였던 전국시기를 어떻게 통일하게 되었는지 알 수 있다. 당시 위(魏)나라는 인재가 많았지만 활용을 제대로 하지 못하였다. 반면, 약소국이었던 진나라는 인재를 구하고자 노력하였고, 위나라 출신의 인재들이 진나라로 가서 자신의 역량을 발휘하였다. 그 결과 진나라는 강대국으로 변모할 수 있었다.

〈대진제국〉 시리즈는 CCTV에서 제작하여 방영한 역사극 시리즈로, 역사학자 쑨하오후이(孫皓暉)의 소설인 『대진제국』을 드라마로 제작된 것이다. 배경은 전국시대의 진나라로, 진나라가 중국 서부의 약소국에서 중국 최초의 통일제국으로 되어가는 과정을 묘사하였다.

　2009년에 방영된 제1부 〈대진제국지열변(大秦帝國之裂變)〉에서는 진효공(孝公)의 초현령(招賢令)과 상앙(商鞅)의 변법으로 국가 발전을 이루는 내용을 다루었다. 2012년에 방영된 제2부 〈대진제국지종횡(大秦帝國之縱橫)〉에서는 혜문왕(惠文王, 영사(嬴駟))과 장의(張儀)를 주인공으로 하여 각 나라의 이해관계와 외교 등을 다루었다. 그리고 2017년에 방영된 제3부 〈대진제국지굴기(大秦帝國之崛起)〉에서는 소양왕(昭陽王), 범수(范雎)와 백기(白起) 등이 등장하고, 범수를 주요 인물로 하여 강대국으로 성장하는 진나라를 다루었다. 2020년에 방영된 제4부 〈대진부(大秦賦)〉의 원래 제목은 〈대진제국지천하(大秦帝國之天下)〉이다. 이 드라마는 효문왕(孝文王)과 장양왕(莊襄王) 재위기를 거쳐 시황제(始皇帝) 시대까지를 다루었다.

　2012년 HD드라마 전문채널 CHING은 한중 수교 20주년을 맞아, 2012년 8월 30일 〈대진제국〉을 국내 최초로 방송하였다. 〈대진제국〉 제작팀은 시대적인 풍모를 강조하기 위해 현대적인 의상과 도구를 일절 배제하였고, 진나라 전통 복장과 도구들을 제작하여 사용하였다. 또 배우들이 극중 인물의 시대 상황과 분위기를 이해하기 쉽도록 5명의 진 문화 예법 전문가를 투입하여, 말투와 태도 및 행동 등을 훈련시킨 것으로 알려져 있다.

2017년 6월 6일 채널 차이나에서 40부작 역사극인 〈대진제국3〉(〈대진제국지굴기〉)을 방영하였다. 4년에 걸쳐 제작된 〈대진제국3〉은 CCTV-1의 황금 시간대에 편성되어 'CCTV 시청률 효자 드라마', '개념 드라마'로 불렸다. 최종회의 인터넷 조회수는 5억 3천만 회를 기록하여 전국 1위를 차지한 바 있다.

당시 약소국이었던 진나라는 천하의 인재를 등용하여 강대국으로 부상하였고, 마침내 전국 시기를 통일하게 된다. 진나라는 목공(穆公) 때부터 이미 백리해(白里奚), 건숙(蹇叔), 비표(丕豹) 등과 같은 다른 나라의 인재를 등용하였고, 목공은 패업을 이루었다. 이후 진나라에는 다른 나라 인재를 초빙하는 문화가 생겨났다. 효공 이후에도 다른 나라의 인재를 등용하였는데, 대표적인 인물이 상앙·공손연(公孫衍)·장의·범수·채택(蔡澤) 등이다.

진시황제 시기를 제재로 한 드라마와 영화는 매우 많다. 요즘에도 한국에서 타임슬립 드라마가 많이 제작되고 있지만, 이전에 홍콩 등지에서 진시황을 소재로 하여 제작되어진 드라마 중에는 타임슬립 드라마가 많았다. 현대의 사람이 진시황 시기로 거슬러 가서 역사를 바로 잡으려 하는 내용을 다루면서 진나라의 역사와 문화를 알 수 있게 하였다.

2. 쑨하오후이의 장편소설 『대진제국』

2009년 3월 29일 중국소설학회는 난창(南昌)대학에서 행사를 갖고 2008년 장편소설 5개와 중편소설 10개, 단편소설 10개 등 모두 25개의 우수 소설의 순위를 발표하였다. 이 행사에는 천쥔타오(陳駿濤)·궁중(公仲)·리싱(李星)·샤캉다(夏康達) 등 원로 평론가들과 우이친(吳義勤)·장빙(江氷) 등의 중장년 평론가들이 참여하였다.

리싱 중국소설학회 부회장은 "장편소설 분야에서 1위는 옌거링(嚴歌苓)이 쓴 『둬허 이모(小姨多鶴)』가 차지하였으며 2위는 쑨하오후이의 장편소설 『대진제국』이 차지하였다"라고 발표하였다. 『대진제국』 소설이 6부까지 있기 때문에, 중국 팬들 사이에서는 〈대진제국〉 시리즈가 진나라의 몰락과 멸망 과정도 다루지 않을까라는 얘기가 오갔지만, 제작진에서는 4부 〈대진부〉가 마지막 시리즈가 될 것이라고 공식적으로 발표하였다. 결국에는 진나라가 제나라를 멸망시키고 영정이 황제가 되는 시점에서 〈대진제국〉 시리즈가 끝이 났다.

3. 드라마에 등장한 주요 역사 인물

1) 법가 상앙! 진을 개혁하다

〈대진제국〉 시리즈 1인 〈대진제국지열변(大秦帝國之裂變)〉에서 주목해야 할 인물은 상앙(商鞅, BC395?~ BC338)이다. 상앙은 전국시기의 정치가이며 법가를 대표하는 인물이다. 상앙은 위(魏)나라 이회(李悝, BC455?~BC395)의 『법경(法經)』 실행을 반포하였고, 유가의 경전을 불태웠다. 그리고 진나라 인재들이 다른 나라에 가서 출사하지 못하도록 하였다. 상앙은 두 차례의 변법을 통해 진나라의 호적제도, 법률, 관직제도 등을 개혁하였다.

상앙은 위(衛)나라의 몰락한 귀족의 후예이다. 왕실의 혈통을 이어

받았다고 해서 '공손앙(公孫鞅)'이라 하기도 하고, 위(衛)나라에서 태어났기 때문에 '위앙(衛鞅)'이라고도 한다. 상앙의 '상(商)'은 상읍(商邑)의 땅에 봉해졌기에 붙여진 칭호이다. 즉 '상군(商君)'은 상앙의 존칭이다. 역사적으로는 보통 '상앙'이라고 부른다.

상앙은 어릴 때부터 형명학(刑名學)을 좋아하였다. 젊은 시절 상앙은 위나라에서 법가사상에 대한 관심이 많아 연구를 심도있게 하였고, 이회·오기(吳起)의 변법 경험을 종합하여 자신의 법가 이론을 완성하였다. 상앙은 진의 수도를 함양(咸陽)으로 천도하도록 하여 국가를 새로이 정비하기 시작하였다.

BC 338년 진나라 효공(재위 BC361~BC338)이 병으로 죽은 뒤 태자가 즉위하였는데, 혜문군(惠文君, 혜문왕, 혜왕, 이때부터 '왕'이라 칭함)이다. 이때 변법으로 피해를 입은 왕족과 귀족들은 상앙이 반란을 도모한다고 비판하기 시작하였다. 상앙이 사직하고 상읍으로 돌아가려 할 때, 혜문왕은 군대를 보내어 상앙을 잡으려 하였다. 이 소식을 들은 상앙은 국외로 도망하려 하였다. 간신히 국경의 함곡관(函谷關)에 도착하여 어떤 여관에 들어갔다. 여관 주인은 상앙인 줄 몰랐기에, "상군의 법에 따라 증명서가 없는 사람에게 숙소를 제공하면 저까지 죄를 면할 수 없습니다"라고 말하였다. 이때 상앙은 자신이 만든 법률이 매우 가혹한 것임을 알게 되었다. 결국 상앙은 추격해 온 공손가(公孫賈)에게 붙잡혔다. 상앙은 BC 338년 거열(車裂, 죄인의 사지를 다섯 대의 수레에 묶어서 찢어버리는 혹형)이라는 극형에 처해졌다.

한편, 공손가는 혜문왕이 태자로 있을 때 태사였다. 태자가 변법에 저촉되는 행동을 하였을 때 상앙은 태자를 직접 처벌하지 않고, 태자의 사부(其傅)였던 공자건(公子虔)을 벌하였고, 태자의 태사였던 공손가를 경형(黥刑)에 처하였다. 이후 공자건이 다시 법을 어기자 코를 베어버리는 형벌인 의형(劓刑)에 처하였다.

　상앙의 행적에 대해선 『사기』 「상군열전」에 자세히 언급되어 있다. 상앙의 주요 사상은 후세인들에 의해 『상군서(商君書)』 29편으로 편집 정리되었다. 『한서 예문지』에 기록이 보이기는 하지만 현재 남아 있는 것은 24편뿐이다. 『상군서』는 2만 천여 자로 이루어졌다.

　한비자(韓非子)는 "요즘 집집마다 관중(管仲)과 상앙의 법을 가지고 있다"고 하였으며, 사마천은 『상군서』의 구체적인 편명까지 언급히였다. 『상군』으로 불리던 책을 『상군서』라고 이름 붙인 사람은 제갈공명(諸葛孔明)이다. 당나라 때에 책이 재정리되면서 『상자(商子)』라고 불렸다가 청 말에 『상군서』라고 다시 불리기 시작하였다. 한국에 소개되는 『상군서』는 26편으로 나눠 정리하고 있다.

　상앙의 『상군서』 중 「경법(更法)」편에는 "효공이 나라를 다스릴 계책을 세울 때, 공손앙(公孫鞅)과 감룡(甘龍)과 두지(杜摯) 세 대부가 군주를 앞에 모시고서 세상사의 변화를 고려하고 법을 정비할 바탕을 토론하며 백성을 다룰 방도를 강구하였다"라고 적혀 있다.

　「수권(修權)」편에는 "나라가 잘 다스려지는 데에는 3가지가 필요하다. 첫째가 법(法)이고, 둘째가 믿음(信)이며, 셋째가 권력(權)이다. 법은 군신(君臣)이 함께 지키는 것이고, 믿음은 군신이 함께 세우는 것이며, 권력은 군주가 홀로 다스리는 것이다"라고 하였다. 이 중에서 상앙이 가장 중요하게 여긴 것은 법이다.

　「개새(開塞)」편에는 "지혜로운 자는 옛것을 본받지 않고, 오늘에 머물러 있지 않는다. 옛것을 본받으면 시대에 뒤처지고, 오늘에 머물러 있으면 기세를 펼치지 못한다"라고 하였다. 즉 현재에 머물러 있으면 성장할 수 없다는 것이다.

　「수권」편에는 "포상은 문(文)이고, 형벌은 무(武)이다. 문무(文武)는 법(法)의 요체이다. 형벌은 힘을 낳고, 힘은 강함을 낳고, 강함은 위세를 낳고, 위세는 덕을 낳으니, 덕은 형벌에서 나오는 것이다. 그래서 형벌이 많으면 상이 무거워지고, 상이 적으면 형벌이 무거워진다. 잘 다스려지는 나라는 형벌이 많고 상이 적다. 어지러운 나라는 상이 많고 형벌이 적다. 그래서 강한 나라는 형벌이 아홉이면 상이 하나이고, 약한 나라는 상이 아홉이면 형벌이 하나이다"라고 하였다. "법치의 요체"는 상벌이라는 것이다.

「획책(畫策)」편에는 "천하를 믿는 자는 천하의 버림을 받고, 스스로를 믿는 자는 천하를 얻는다. 천하를 얻는 자는 먼저 스스로를 얻은 자이고, 강한 적을 이길 수 있는 자는 먼저 스스로를 이긴 자이다"라고 하였다. 스스로를 믿는 자가 천하를 얻는다는 것이다.

「거강(去彊)」편에는 "나라를 다스림에 있어 가난한 자를 더 잘 살게 하고 부유한 자를 덜 잘 살게 할 수 있으면, 국력이 커지고 국력이 커지게 한 자가 왕자가 된다"라고 하였다. 고르게 잘 살게 하라는 의미이다.

「약민(弱民)」편에는 "백성이 약하면 나라는 강해지며, 나라가 강하면 백성은 약해진다. 이 이치를 아는 나라는 백성을 나약하게 만드는 데 힘쓴다"라고 하였다. 이는 약민과 강국 사이의 상대적 관계를 간단하게 서술한 것이다.

「정분(定分)」편에는 "감히 법령을 삭제하거나 한 글자 이상을 빼거나 보태는 일이 있으면 사형에 처하고 사면하지 말아야 한다"고 하였다. 또 "(만약 법령집을 보관하는) 금실에 들어가 금지된 명령을 살펴보거나 한 글자 이상을 더하거나 빼거나 하는 자는 모두 사형에 처하고 사면하지 말아야 한다"고 하였다.

『상군서』는 법치와 부국강병이란 하나의 논리로 일관하고 있지만 다루고 있는 내용은 매우 다양하다. 상앙은 진나라가 강대국이 되기 위해서는 귀족이라도 별 성과를 못 내면 대접받지 못하게 하였다.

BC 361년에 상앙은 진 효공이 '초현령(招賢令)'을 반포하여 인재를 구한다는 말을 듣고 진나라로 들어갔다. 효공의 측근인 환관 경감(景監)의 주선으로 효공을 만난 상앙은 효공에게 먼저 '제도(帝道)'에 대해서 이야기하였다. 그러나 효공이 별 흥미를 보이지 않자 '왕도(王道)'를 유세하기 시작하였다. 하지만 효공은 그의 이야기에 관심을 보이지 않았다. 이에 상앙이 '패도(覇道)'를 이야기하자 효공은 크게 기뻐하였다.

패도에 관한 이야기가 시작되자 효공은 여러 날을 듣고도 싫증내는 기색이 없었다. 당시 효공에게 가장 중요하였던 것은 부국강병이었다. 효공은 '제도'나 '왕도'로서는 진나라가 강대국이 될 수 없다고 여겼던 것이다. 효공은 BC 356년에 상앙을 좌서장(左庶長)에 임명하였고, 법치·부세·병법 등의 변법을 실시하였다.

상앙의 변법이 지향하는 바는 중앙집권체제의 확립에 의한 부국강병이었다. 내용면으로는 농본주의와 법치주의가 중심이 되었다. 제1차 변법은 효공 6년(BC356)부터 시작되었는데 주요 내용은 다음과 같다.

첫째, 소가족제도를 시행하기 위해 호적제도를 개혁하였다. 한 집에 2명 이상의 성인이 있으면 분가를 하게 하였다. 분가를 하지 않으면 세금을 2배로 물렸다. 이를 통해 씨족 공동체를 해체하고자 하였다. 둘째, '십오연좌법(什伍連坐法)'을 시행하였다. 다섯 가구를 오(伍, 5인조), 열 가구를 십(什, 10인조)으로 하는 제도를 정하고 백성을 서로 감시하고 고발케 하여 조(組)끼리 연좌제를 실시하였다. 예를 들면, 범죄자라는 것을 알면서도 고발하지 않으면 요참형(腰斬刑)에 처하고,

고발한 자에게는 적의 목을 벤 것과 같은 상을 내리기로 하였다. 또 어느 집에서 범죄자를 숨기면 그 집에 속하는 '십오(什伍)'는 똑같이 죄에 연좌하고 적에 항복한 것과 같은 벌을 내리기로 하였다. 또 여관에 숙박할 경우에는 누구든 증명서가 있어야 하였다.

셋째, 신상필벌(信賞必罰)제도를 반포하였다. 즉 전공을 올린 자에게는 그 정도에 따라 작위를 부여하고, 개인적인 다툼에는 그 정도에 따라 형을 부과하였다. 넷째, 세경세록제도(世卿世禄制度)를 폐지하고, 20등작제(等爵制)를 실시하였다. 공족이나 귀족과 같은 명문집안일지라도 전공이 없는 자는 신분을 박탈하였다. 모든 작위의 등급을 전공에 의해 규정하고 그 등급에 따라 전답과 가옥의 크기나 가신, 노비수, 의복 등도 단계적으로 정하였다. 이것은 기존의 귀족계급들이 가진 세습 특권을 박탈하여 전공을 기준으로 새로운 등급 제도를 확립하고자 한 것이다. 다섯째, 농경을 장려하고 농업을 중시하며 상업을 억제하였다.

상앙은 효공 12년(BC350)부터 제2차 변법을 시행하였는데, 이때는 제1차 변법보다 더욱 급진적이었다.

첫째, 정전제(井田制)를 폐지하고 원전제(轅田制)를 채용하였다. 토지사유와 매매를 허락하였다. 이는 봉건 영주의 토지 소유제를 폐지한 것이다. 정전제란 사방 1리의 토지를 '정(井)'자로 9등분하여 그 경계에 논두렁을 만들어 구분한 것이다. 한가운데의 1구획은 공전(公田)으로 수확을 왕후에게 헌납하고, 주위의 8구획은 전부 노예주 귀족계급이 영유하는 것이다. 이에 비해 원전제는 서민들이 직접 경지를 소유하고 자유 매매도 가능한 것이었다.

둘째, 현제(縣制)를 시행하였다. 즉 군왕 직속의 현급 행정기구를 설치한 것이다. 종래의 향(鄉)·읍(邑)·취(聚, 촌락) 등의 지방 행정단위는 각각 귀족계급이 영유하여 그들의 자의적인 통치에 맡겨져 왔다. 상앙은 현급 행정기구를 신설함으로써 중앙집권을 강화하고자 하였고, 귀족계급의 권력을 약화시키려 하였다. 셋째, 도량형을 통일하였다. 넷째, 조세를 직접 징수하고 호구에 따라 병역세를 징수하였다. 다섯째 풍속을 개혁하였다. 즉 서쪽 민족의 풍속인 부자형제의 동실 거주를 금지하였다.

상앙은 두 차례에 걸친 변법의 시행을 통하여 진나라를 중앙집권국가로 변모시키는 전기를 마련하였다. 이로 인해 봉건 영주의 경제력은 점차 약화되었고, 중앙의 권력은 나날이 견고해졌다. 상앙이 주장한 변법의 내용은 두 가지로 요약할 수 있다. 첫째, 낡은 봉건 영주제를 폐지하고 중앙집권국가를 건설해야 한다. 둘째, 농전(農戰)정책을 추진하여 진나라의 농업생산을 발전시키고 군사력을 증강해야 한다. '농전'이란 백성들에게 평상시에는 농업에 종사하게 하고, 전시에는 모든 백성이 군사가 되어 전쟁을 수행하는 것이다.

상앙의 변법 내용은 당시 진나라의 경제발전과 군사 확장이라는 두 가지 요구를 모두 충족시켰다. 진나라는 10년도 안 되어 막강한 군사력과 부를 갖춘 국가로 성장할 수 있었다.

2) 장의! 연횡을 주장하여 국력을 강화하다

〈대진제국〉 시리즈의 제2부 〈대진제국지종횡〉의 주요 인물은 장의(張儀, ?~BC309)이다. 장의는 위(魏)나라 사람으로 생년은 미상이다. 『전국책(戰國策)』에는 장의와 소진(蘇秦, ?~BC284)이 각각 '연횡'과 '합종'을 주장하여 서로 논쟁을 펼쳤다는 기록이 있다. 사마천도 『전국책』의 영향을 받아 『사기』「장의열전(張儀列傳)」에서 장의와 소진을 같은 시대 인물에 나열하고, 소진이 출세한 후에 장의에게 진나라로 들어가도록 권하였다거나, 장의가 소진보다 뒤에 죽었다고도 하였다.

그런데 이러한 내용들은 사실과 다른 것으로 보는 경우도 있다. 시대적으로 장의가 소진보다 앞서고, 장의와 같은 시기의 인물로는 공손연(公孫衍)·혜시(惠施)·진진(陳珍) 등이 있다는 것이다.

장의는 위나라에서 4년간 재상을 역임하고 BC 318년에 진나라로 돌아갔으며, 진 혜문왕은 그를 계속 재상에 임명하였다. BC 316년에 장의는 사마착(司馬錯)과 함께 촉(蜀)을 공격하여 멸망시킨 다음 의국(宜國)과 파국(巴國)을 멸망시켰다.

장의는 처음에 초나라 재상의 식객이 되어 등용의 기회를 엿보았지만, 재상의 자랑인 구슬을 분실한 것에 대한 혐의를 받고 도망쳐 위나라로 귀국하였다. "이젠 유세 같은 것은 그만두시오"라고 말하는 아내에게 "내 혀가 아직도 있는지 없는지 보시오. 이 혀가 있는 동안 나는 유세를 그만두지 않을 것이오"라고 대답하였다는 이야기는 매우 유명하다.

'합종'과 '연횡'은 전국시대 중·후기에 각 제후국들 사이에 외교전략의 핵심으로 부상하면서 많은 종횡가들을 출현시켰다. 그들 중에서 초기의 가장 대표적인 인물이 장의이다.

『사기』「장의열전」에는 "장의는 소진의 육국합종을 깨기 위해 진(秦)나라 정승자리를 내놓고 진 혜문왕에게 허락을 받아 위나라로 갔다. 위나라에선 장의에게 정승의 자리를 주었다. 그러나 장의는 위나라가 아닌 진나라를 위해 일하였다. 이 당시 소진이 제나라에서 죽었다. 장의는 크게 기뻐하며 '이제야 내 혓바닥을 놀릴 때가 되었다'고 하였다. 장의는 위나라 위애왕(魏哀王)에게 '소진도 죽고 없는데 육국 동맹은 반드시 무너질 것이니 늦기 전에 진나라와 동맹하라'고 권하였으며, 위나라는 육국맹약을 깨고 진나라와 동맹을 맺었다"라고 기록되어 있다. 여기에 소진이 죽은 뒤 장의가 외교활동을 한 것으로 기록되어 있다.

진나라는 혜문왕 때부터 왕이라 칭하기 시작하였다. 혜문왕이 즉위한 후에도 효공 시대의 인재등용 방침을 계속해서 시행함으로써 타국 출신의 인재들이 대거 진나라로 들어갈 수 있었다. 위나라 출신 장의도 BC 329년에 진나라에 들어가 혜문왕의 객경(客卿)이 되어 국정에 참여하였다. 이때 공손연이 진나라의 대량조(大良造)를 맡고 있었다.

BC 328년 장의는 공자화(公子華)와 함께 군대를 거느리고 위나라를 공격하여 포양성(蒲陽城)을 탈취하였다. 이때를 틈타 장의는 혜문왕에게 연횡책을 설명하면서, 포양성을 위나라에 돌려주고 공자 요(繇)를 위나라에 인질로 보낼 것을 건의하였다. 그는 공자 요를 호송하여 위나라로 들어간 후 위나라 왕을 만나는 자리에서 위나라 왕에게 "진나라는 위나라를 정말 진심으로 대하고 있습니다. 성을 얻고서도 오히려 인질을 위나라로 보냈으니, 위나라가 진나라에 예를 잃지 않으려면 보답할 방법을 강구하시는 것이 어떻겠습니까?"라고 말하며 진나라에 의지할 것을 강조하였다.

위나라 왕이 "어떻게 보답하면 좋겠소?"라고 물었다.

장의는 "진나라는 단지 좋은 땅을 좋아합니다. 만약 위나라에서 어느 한 지역을 진나라에 주신다면 진나라는 반드시 위나라를 형제의 나라로 볼 것입니다. 진나라와 위나라가 연맹을 맺어 다른 제후국들을 정벌한다면, 위나라가 다른 나라들로부터 획득한 땅이 진나라에 준 것보다 몇 배나 많게 될 것입니다"라고 대답하였다.

위나라 왕은 장의의 말에 설득되어 상군(上郡) 15개의 현과 하서(河西)의 요지 소량진(少梁鎭)을 진나라에 주고 진나라와 화의를 맺었다.

장의의 연횡책으로 진나라와 위나라는 첫 전투에서 승리를 거두었으며, 이로부터 황하 이서 지역이 진나라에 귀속되었다.

장의는 진나라로 돌아간 후 재상에 발탁되어 공손연의 대량조 직위를 물려받았다. 공손연은 진나라에서 더 이상 중용될 수 없게 되자 위나라로 건너갔다.

장의가 진나라에서 약 3년간 재상을 역임하는 동안 진나라의 국력은 매우 성장하였다. 그 이듬해에 혜문왕은 장의를 대장에 임명하고 위나라의 섬(陜)을 점령하였다. 이 사건으로 위나라는 그 해와 그 다음 해(BC323) 2년에 걸쳐 제나라 위왕(威王)과 연속 회동을 가지고 제나라의 힘을 빌어 진나라에 대항하려고 하였다. 그러나 장의가 중간에서 이간질을 하고 제나라와 초나라를 농간으로 끌어들여, 제나라는 위나라를 돕지 않고 오히려 초나라와 연합하여 위나라를 공격하였다. 위나라로 귀순한 공손연은 이때를 틈타 한(韓)·조(趙)·연(燕)·중산(中山)과 '5개국 연맹'을 맺고 위나라의 국력 신장을 도모하였다.

그런데 초나라가 위나라를 공격하여 양릉(襄陵)에서 위나라 군대를 대파하고 8개 성을 점령하였다. 제와 초의 계속된 침략으로 위나라의 '5개국 연맹'은 그 목적을 달성하지 못하였다. 이로써 위나라 혜왕(惠王)은 제와 초에 더욱 큰 원한을 품게 되었다. 장의는 진나라를 대표하여 더욱 교활한 수단을 취하였다.

BC 323년 장의는 제·초·위 3개국 대신을 한자리에 불러 모아 놓고 위나라를 위한 중재에 나서 위나라의 환심을 샀다. 이 일이 있은 후에 위왕은 공손연의 합종책을 포기하고 진·한이 연합하여 제·초를 친다는 장의의 연횡책을 받아들였다. 그 이듬해에 위나라 태자와 한나라 태자가 진나라로 들어와 진왕을 알현하고, 장의는 위왕에 의해 위나라의 재상에 임명되었다.

BC 322년 장의는 위나라를 진나라의 확실한 속국으로 만들기 위해 진의 재상을 사직하고 위나라로 갔다. 위왕은 장의의 명성을 듣고 있던 터이라 재상에 임명하였다. 장의는 위나라의 재상이 된 이후에 진나라를 위해서 위왕을 더욱 농락하였다. 결국 장의의 설득으로 위왕은 태자를 진나라에 보내어 귀순의 의사를 전달함으로써 위나라는 진나라에 완전히 복속되었다.

제나라도 수어(修魚) 전투에서 조나라와 위나라를 크게 이겼고, 초나라와 연맹을 맺었다. 제나라는 동방의 강대국이고 초나라는 남방에서 기회를 노리고 있는 나라였다. 제초연맹(齊楚聯盟)은 진나라에 상당히 위협적인 존재가 되었기에, 진나라는 어떻게든 제초연맹을 분열시켜 세력을 약화시키고자 하였다.

BC 313년 장의는 진나라의 재상직을 사임하고 남쪽으로 내려가 초나라 왕을 알현하였다. 초나라에 들어간 이후 초 회왕(懷王)의 측근인 근상(靳尙)을 매수하여 제초연맹의 분열 작업에 착수하였다. 그리고 회왕을 만나 "저희 진나라 왕께서 가장 존중하는 분은 대왕밖에 없으며, 제가 신하가 되기를 원하는 분도 바로 대왕이십니다. 저희 진나라 왕께서 가장 증오하는 사람은 제나라 왕보다 더한 사람이 없으며, 저도 제나라 왕을 가장 증오합니다. 제나라는 비록 진나라와 일찍이 사돈을 맺었던 나라이지만, 제나라가 진나라에 잘못한 점이 너무 많습니다. 지금 저희 진나라는 제나라를 토벌하고자 합니다. 그렇지 않으면 저희 진나라 왕께서 대왕을 섬길 수도 없고, 저도 대왕의 신하가 될 방법이 없습니다. 만약 대왕께서 제나라와 관계를 끊으신다면 신은 진나라 왕에게 청하여 상어(商於) 600리를 초나라에 바치도록 하겠습니다. 이렇게 되면 제나라는 반드시 약화될 것이고, 대왕께서는 그러한 제나라를 마음대로 부릴 수 있을 것입니다. 이것은 북으로는 제나라를 약화시키고 서로는 진나라에 은혜를 베풀면서, 초나라는 상어의 땅을 가질 수 있는 지극히 실리적인 일입니다"라고 하며 설득하였다.

초왕은 장의의 계책을 혼쾌히 받아들이고 대신들도 모두 그것을 기뻐하였다. 장의가 비록 초 회왕을 설득하는 데는 성공하였지만, 초나라에도 충신들이 많이 있었다. 원래 진나라에서 일한 적이 있었던 진진(陳珍)은 장의가 초나라에 온 의도를 잘 알고 있었다. 그는 회왕에게 장의의 계책에 말려들지 말 것을 충고하였다. 하지만, 회왕은 장의의 계책에 현혹되어 충고를 받아들이지 않았다. 결국 초 회왕은 제나라와 단교를 선포하고 장의에게 사신을 딸려 보내 진나라의 영토를 접수하도록 하였다.

장의는 진나라에 돌아간 후에 병을 핑계로 석 달 동안 조회에 나가지 않았다. 초 회왕은 땅을 얻지 못하자 진나라가 제·초의 단교를 의심한다고 생각하였다. 그리하여 특별히 제나라에 사람을 파견하여 제왕을 모독하도록 하였다. 크게 노한 제왕은 초나라와의 관계를 확실히 정리하고, 진나라에 사람을 보내어 공동으로 초나라를 정벌할 것을 제의하였다. 목적이 달성되자 장의는 초나라 사자를 만나서 그에게 "어디에서 어디까지 6리에 이르는 땅"을 초왕에게 주겠다고 하였다. 초나라 사신이 돌아가서 회왕에게 보고하자 회왕은 노기충천하여 진나라에 대한 공격을 개시하고자 하였다. 이때에도 진진은 회왕에게 진나라와 연합하여 제나라에 대항할 것을 건의하였지만, 회왕은 장의에 대한 복수심에 불타 진진의 건의를 묵살하고 진나라를 공격하였다.

BC 312년 초나라는 진제 연합군과 단양(丹陽)에서 마주쳤으나 초나라 군대는 크게 패하였다. 패전 소식을 전해들은 초 회왕은 더욱 노하여 초나라 전군을 동원하여 진나라를 공격하였으나 남전(藍田)에서 다시 패하였다. 그러자 이번에는 또 한·위 양국이 기회를 틈타 남진하여 초나라를 공격하여 등읍(鄧邑)을 점령하였다. 진퇴양난에 빠진 초나라는 황급히 군대를 철수시킨 다음 진나라에 두 개의 성을 내주고 화의를 청하였다. 진나라가 초나라를 대파한 후에 그와 대적할 수 있는 나라는 제나라뿐이었다. 장의는 다시 초나라로 가서 회왕을 설득하여 초나라와 화친을 맺고, 한나라로 가서 한왕을 설득하여 한나라와도 화친을 맺었다.

진 혜문왕은 장의의 공을 인정하여 '무신군(武信君)'에 봉하고 5개의 성을 하사하였다. 얼마 후 혜문왕이 죽고, 탕(蕩)이 왕위를 계승하여 무왕(武王)이 되었다. 그런데 무왕은 어릴 때부터 장의를 좋아하지 않았다. 평소 장의를 시기하던 신하들은 이때를 틈타서 무왕에게 장의를 모함하였다. 위험을 느낀 장의는 재상직을 사직하고 위나라로 떠났다.

BC 328년부터 장의는 종횡술을 운용하여 위·초·한 등의 나라를 다니며 유세를 하였다. 각 제후국들 사이의 미묘한 갈등 관계를 이용하여 그들을 진나라에 복속시키기도 하고, 그들의 연맹을 분열시켜 세력을 약화시키기도 하였다.

진 혜문왕 시기에 장의는 성공적인 외교정책으로 진나라의 영토 확장과 국력 신장에 큰 공훈을 세웠으며, 나아가서는 진의 통일을 위한 기초를 공고히 다지는데도 큰 역할을 하였다고 할 수 있다.

『맹자』「등문공하(滕文公下)」에서는 장의를 평하여, "경춘이 말하였다. '공손연과 장의가 어찌 참된 대장부가 아니겠습니까? 한번 노하면 제후들이 두려워하고, 편안하게 있으면 천하가 평안해집니다.' 맹자가 말하였다. '이것이 어찌 대장부이겠는가? 그대는 예를 배우지 못했습니까? 남자가 관례를 할 때는 아버지가 (성인이 되는 마음가짐을) 가르치고, 여자가 시집을 가면, 어머니가 (아내와 어머니의 마음가짐을) 가르치며, 문까지 배웅하며 '너의 집에 가거든 반드시 공경하고 경계하며 남편의 말을 거스르지 마라'고 훈계하니, 순종하는 것을 바른 것으로 삼는 것은 부녀자들의 도리입니다"라고 말하였다.

이사(李斯)는 "혜왕께서는 장의의 계책을 채용하여 삼천의 땅을 빼앗고, 서쪽으로 파와 촉을 병합하였으며, 북쪽으로는 상군을 거두었고, 남쪽으로는 한중을 점령하였습니다. 여러 오랑캐 종족을 포섭하였고 언영(鄢郢)을 제압하였으며, 동쪽으로 성고(成皐)의 험준함에 의지하고 비옥한 땅을 할양받았습니다. 마침내 육국의 연합책을 해산시켜서 그들로 하여금 서쪽을 바라보며 진나라를 섬기게 하셨는데 그 공로가 지금에까지 이르고 있습니다"라고 말하였다.

사마천은 「장의열전」의 끝머리에 "태사공(사마천)이 말하기를, 삼진(三晉)의 땅에는 기이한 술책을 부리는 자가 많다. 이들 중 합종 연횡으로 진나라를 강하게 만든 자는 대부분 삼진 출신들이다. 장의의 술책이 소진보다 더 심하였음에도, 사람들이 소진을 더 미워하는 것은 소진이 먼저 죽었기 때문이다. 장의는 소진의 단점을 폭로하며 유세를 하였기에 연횡의 주장을 이루었다. 요약하건대, 두 사람은 참으로 위험한 사람이다"라고 하면서 장의를 평가하였다.

3) 범수! 원교근공으로 진을 더욱 강하게 하다

〈대진제국〉시리즈의 제3부 〈대진제국지굴기(大秦帝國之崛起)〉의 주요 인물은 소양왕, 범수(范雎, ?~BC255, 范雎, 張祿)와 백기 등이다. 이 중 범수는 진(秦)나라의 정치가로, 자는 숙(叔)이며 위(魏)나라 사람이다. 이름을 저(雎, 且)라고도 한다.

사마천의 『사기』「범저채택(范雎蔡澤)열전」에 "범수는 위나라 대량(大梁) 사람이다"라고 적혀 있다. 범수의 다른 이름은 장록(張祿)이다. 진나라에서 벼슬을 하여 살아갈 때는 장록이라는 이름을 사용하였다.

범수의 몰년은 명확하게 알 수는 없는데, 1975년 12월 후베이성 윈멍(雲夢)현 수호지진묘(睡虎地秦墓)에서 대량으로 발굴된 『수호지진간(睡虎地秦簡, 睡虎地秦墓竹簡, 雲夢秦簡)』 중에는 진나라 말기 역사를 기록한 『편년기(編年紀)』가 있다. 이곳에 "(소왕) 52년, 왕계·장록이 죽었다[五十二]年, 王稽, 張祿死)"라는 내용이 있다. 이를 바탕으로 범수가 왕계(王稽)와 같은 해인 BC 255년에 죽었다고 알려지게 되었다. 혹은 범수가 왕계와 함께 처형되었다고 추정하기도 한다.

범수는 집이 가난하여 어렵게 살다가 위나라 중대부(中大夫) 수고(須賈)를 섬기게 되었다. 수고가 위왕의 명을 받아 제나라로 사신으로 갈 때 범수도 동행하였다. 제나라 양왕이 범수의 말이 마음에 들어 금 10근과 소와 술을 하사했지만, 범수는 이것을 받지 않았다. 그런데 수고는 이를 의심하였고, 제나라에 위나라 비밀을 알려주고 받은 선물이라고 생각하였다.

위나라로 돌아온 수고는 재상이자 실력자인 공자(公子) 위제(魏齊)에게 고하였다. 위제는 사람을 시켜 범수를 죽을 만큼 매질하게 하였는데, 이때 갈비뼈와 이가 부러졌다. 범수를 멍석에 둘둘 말아 변소에 두었고, 술에 취한 빈객들에게 오줌을 누게 하였다.

정신이 돌아온 범수는 자신을 지키는 군사에게 "당신이 나를 나갈 수 있게 해준다면, 후한 사례를 하겠소"라고 말하였다. 군사는 위제에게 시체 썩는 냄새가 난다고 보고하였고, 위제는 멀리 버리라고 명하였다. 범수는 집으로 돌아와 가족에게 가짜 장례를 치르게 하고는 정안평(鄭安平)의 도움을 받아 도망을 갔다. 이때 이름도 장록(張祿)으로 바꾸었다. 진나라 사신 왕계가 위나라에 오자 정안평은 왕계에게 범수를 데리고 진나라로 도망가 달라고 부탁하였고, 왕계는 이에 응하였다.

진나라에 온 범수는 왕계를 통해 소양왕(昭陽王)에게 천거되었지만, 등용되지 않았다. 당시 진나라 재상은 양후(穰侯) 위염(魏冉)으로, 소양왕의 어머니 선태후의 남동생이었다.

양후는 권력을 자랑해, 명장 백기를 통해 주위의 나라들을 토벌하여 영토를 확장하고 있었다. 그러나 그 영토는 양후나 태후 남동생의 화양군(華陽君), 혹은 소양왕 친동생인 고릉군(高陵君), 경양군(涇陽君) 등이 취해서, 그 재산은 왕실보다 많았다.

진나라에서 1년 정도 보낸 범수는 소양왕에게 상소를 올렸고, 소양왕은 범수를 불렀다. 범수는 후궁들이 오가는 영항(永港)을 통해 들어갔다. 그때 왕이 도착하자, 환관이 "대왕께서 행차하셨다"라고 하여 쫓아버리려고 했지만, 범수는 "진나라에 무슨 왕이 있느냐? 진나라에는 태후와 양후가 있을 뿐인데"라고 말하였다.

소양왕을 만나게 된 범수는 원교근공(遠交近攻)책을 주장하였고, 이에 소양왕은 위나라를 공격하고 영토를 빼앗아 한나라를 압박하였다. 그 성과에 만족한 소양왕은 범수를 신임하였다. 범수는 소양왕에게 양후들을 배척하지 않으면 왕권이 위험하다고 말하였다. 이에 소양왕은 선태후·양후·화양군·고릉군·경양군을 함곡관 밖으로 추방하였다.

소양왕 41년 범수는 응(應)에 봉해져서 응후(應侯)로 불렸다. 위나라에서는 진나라가 한·위를 토벌하려 하고 있다는 정보를 얻어, 수고를 진나라에 보냈다. 수고가 진나라에 있다는 것을 알아챈 범수는 초라한 모습을 하여 수고 앞에 나타났다. 수고는 범수가 살아 있었던 것에 놀라, 범수가 무엇을 하고 있는지 물었다. 범수는 "다른 사람에게 고용되어 일합니다"라고 대답하였다.

범수의 초라함을 불쌍히 여긴 수고는 두터운 명주 솜옷을 범수에게 주어 "진나라 재상 장록이라는 사람을 만나고 싶다"라고 말하였다. 범수는 자신의 주인이 장록을 알고 있어 대면시킬 수 있다면서, 스스로 마부를 자청해 장록의 저택으로 갔다. 저택으로 먼저 들어간 범수가 나오지 않자, 수고는 범수가 나오지 않고 재상 장록도 나오지 않는 것을 문지기에게 물어보니, "그분이 우리의 재상인 장선생이십니다"라고 대답하였다.

수고는 몹시 당황하며 범수의 앞에서 과거의 일을 사과하였다. 범수는 수고를 비난했지만, 수고가 두터운 명주 솜옷을 주고 옛정을 보여줘서 살려준다고 하며 수고에게 "위나라 왕에게 전하여라. 즉시 위제의 머리를 가져오라고! 그렇지 않으면 대량성을 허물고 대량 사람들을 몰살시키겠다"라고 하였다. 수고는 위제에 이것을 고하였고, 놀란 위제는 조나라의 평원군에게 도망쳤다.

그 후 범수를 추천해 준 왕계가 범수에게 "자신에 대해서 보답이 없는 것은 아닌지"라고 고하였다. 범수는 소양왕에게 말해 왕계를 하동태수에 임명하였다.

소양왕은 범수가 원망하고 있는 위제가 평원군(平原君)의 식객으로 있다는 것을 알고는 어떻게든 원한을 풀어 주고 싶었다. 소양왕은 평원군을 진나라에 불러 "위제를 죽여주지 않으면 함곡관 밖으로 내보내지 않겠소"라고 위협하였다. 하지만 평원군은 거절하였다. 이에 소양왕은 조나라 효성왕(孝成王)을 위협하였다. 위협에 두려움을 느낀 효성왕은 군사를 내어 평원군 저택을 포위하였다. 위제는 조나라 재상 우경(虞卿)과 함께 도망가고, 위나라의 신릉군(信陵君)에게 도움을 요구하였다. 신릉군은 진나라를 무서워하여 위제를 받아들이는 것을 주저하였다. 하지만 식객의 말을 다시 생각하여 국경까지 맞이하러 나갔다. 그러나 위제는 신릉군이 자신을 만나지 않는다는 소식을 듣고는 화가 나 자결하였다. 효성왕은 위제 목을 진나라에 보냈다.

범수는 백기가 명성이 높아지자 소양왕에게 중상 모략하여 백기를 죽이게 하였다. 후임으로 정안평을 장군에 앉혔다. 정안평이 조나라를 공격할 때, 조나라 군사에게 포위당해 항복하였다. 범수는 이 소식을 듣고 소양왕에게 죄를 청하였다. 당시 진 법률에 따르면 사람을 잘못 쓰거나 추천한 사람은 임용된 사람이 범한 죄와 같은 형벌을 받도록 되어 있었다. 따라서 정안평이 적에게 투항하였으니 범수의 죄도 그에 해당되어 삼족(三族)이 멸하는 형벌을 받아야만 하였다. 게다가 범수가 하동태수로 추천한 왕계가 타국과 내통한 죄로 사형을 당하였다. 이러한 일로 범수는 두려워했지만, 소양왕의 신뢰는 변함이 없었고, 추천자의 죄에 연좌되는 일도 없었다. 연(燕)나라에서 진나라로 온 채택(蔡澤)이 범수를 만나 상앙·오기·문종(文種) 등을 예로 들며 관직에서 물러나길 권하였다. 얼마 후 범수는 병을 핑계 삼아 상국의 직책을 바치고 물러날 뜻을 비쳤다. 소양왕은 범수의 사직을 받아들이고 범수가 추천한 채택을 상국으로 임명하였다.

『사기』「범수채택 열전」에는 "태사공이 말하기를 『한비자』에 '소매가 긴 옷을 입은 자는 춤을 잘 추고, 돈이 많은 자는 장사를 잘 한다(長袖善舞, 多錢善賈)'라고 칭하였는데, 이 말은 믿을 만하다. 범수와 채택은 세상에서 말하는 변사(辯士)이다. 제후에게 유세하는 사람들이 백발이 되도록 자기를 알아주는 사람을 만나지 못하는 것은 계책이 졸렬한 것이 아니고, 유세 능력이 부족하였기 때문이다"라고 적혀 있다.

제2장 〈치수의 신, 이빙전기〉를 통해 쓰촨을 읽다

1. 드라마 〈치수의 신, 이빙전기〉

2015년 드라마 채널 CHING에서 35 부작 〈치수의 신, 이빙전기(李冰傳奇)〉가 방영되었다. 쓰촨성 수리시설인 도강언(都江堰)을 축조하는 데 평생을 바친 이빙을 제재로 한 〈치수의 신, 이빙전기〉는 제작비가 약 4천만 위안(한화 약 80억 원)이 투자되어 만들어진 드라마이다. 이 드라마는 도강언 건설의 미스터리와 이빙의 이야기를 다룬 최초의 작품으로, 무능한 조정 아래 고통받

는 백성들을 위해 치수에 인생을 바친 이빙의 업적을 조명하였다.

드라마 〈치수의 신, 이빙전기〉에는 앞에서 소개한 〈대진제국〉 시리즈에 등장하였던 장록이라 불리는 범수도 등장한다. 드라마의 주요 내용은 다음과 같다.

주인공 필응(이빙)은 평범한 백성인데, 어머니 필씨가 왕궁의 유모로 끌려가 진나라 혜문왕의 후궁 미비와 인연을 맺는다. 당시 미비는 아들 영직을 낳아 왕으로부터 총애를 받지만, 왕후와 태자의 핍박 속에 불안한 생활을 하고 있었다. 몇 년 후 미비는 아들과 함께 연나라로 인질로 가게 되었다.

태자가 추격을 해오자 추격을 피하기 위해 길을 돌아간다. 도중에 필씨를 만난 미비는 아들의 목숨을 구하기 위해 필씨의 둘째 아들 필준과 바꾼다. 이후 필씨는 미비와 만나기로 한 곳으로 가다가, 남편과 미비의 아들을 잃게 되고, 필응과 함께 구걸을 하며 산다. 10여 년이 지난 후 미비와 영직(필준)은 진나라로 돌아왔고, 영직은 대왕의 자리에 오른다. 미비는 유모 필씨가 자신을 배신하였다고 생각하며 영직을 미워하고, 태후로 군림하며 국정을 장악하였다.

한편 필응은 어머니의 시신을 안장하기 위해 진나라에 갔다가 촉군으로 출정하는 대군에 공인으로 끌려간다. 이후 필응은 치수관이 되었다. 해마다 범람하는 민수(岷水)를 치수하려고 하지만, 주변의 방해와 경험 부족으로 뜻을 이루지 못한다. 당시 진나라 승상은 장록인데, 이는 범수로 필응의 스승이다. 촉군의 군수가 된 이빙은 치수 전략을 개선하고 비사언(飛沙堰)을 만든다. 드디어 치수가 끝나고 민수의 흐름이 원활해지자 모든 짐을 내려놓은 이빙은 삶을 마감한다.

2. 이빙! 쓰촨을 치수하다

드라마 〈치수의 신, 이빙전기〉에 나오는 필웅은 이빙(李冰)이다. 쓰촨 지역에 전해오는 전설과는 약간 다르게 설정된 내용이지만, 이빙이 도강언을 건설하여 쓰촨성의 수재(水災)를 막은 내용을 중심으로 전개하였다. 이빙은 전국시대 촉의 태수이자 천문지리에 능통했던 인물로 알려져 있다. 도강언은 2000년에 유네스코 세계문화유산으로 지정되었다.

BC 3세기경 장강 상류의 쓰촨 지방에 위치한 촉(蜀)나라는 진(秦)나라에 점령되었다. 진 소양왕(昭襄王) 시대에 촉나라를 통치할 태수로 이빙이 부임해 왔다.

이빙은 BC 3세기 영택(永澤) 사람으로 호는 육해(陸海)이고, 진나라 관리이자 수리(水利) 전문가이다. 벼슬은 촉군 태수(蜀郡太守)를 지냈으며, 재임 중에 민강(岷江) 유역에 도강언을 만들어서 청두평원(成都平原)에 홍수가 나지 않도록 하였다.

3. 이빙의 전설

이빙이 촉 지역에 군수로 왔을 무렵, 이 지역에는 수해가 잦았다. 장강 상류의 수신인 용은 매년 젊은 처녀 두 명을 요구하였고, 제물을 바치지 않으면 수해를 일으켜 사람들을 괴롭혔다.

마을 사람들은 돈을 모아 제사를 지내야 하였고, 딸들을 제물로 바칠 수밖에 없었다. 이 사실을 알게 된 이빙은 "올해는 돈을 내지 말아라. 그리고 내 딸을 수신에게 바치겠다"고 말하였다. 그리고 자신의 두 딸을 몸단장시켜 제사 지낼 준비를 하였다. 이때 이빙의 차남인 이이랑(李二郎)이 두 딸 중 하나로 여장을 하였다는 이야기도 있다.

제사를 드리는 자리에서 이빙은 수신에게 술을 권했으나, 시간이 많이 지나도 제사상에 바쳐진 술은 조금도 줄어들지 않았다. 이빙은 "강군대신(江君大神)이 내 말을 들어주지 않는다면 싸울 수밖에 없다"고 말하며 검을 빼들었다. 다음 순간 이빙의 모습이 사라지더니 절벽 위에 회색 소 두 마리가 나타났다. 두 마리의 소는 서로를 쓰러뜨리려고 사투를 벌였다. 잠시 후 소들의 모습이 사라지고 땀으로 범벅이 된 이빙이 숨을 헐떡이며 돌아왔다. 그는 부하에게 말하였다.

"놈이 만만치 않으니 나를 좀 도와줘야겠다. 흰 허리띠를 두르고 남쪽을 향하고 있는 것이 바로 나다."

두 마리의 소는 바로 이빙과 수신이었던 것이다. 이빙은 다시 소로 둔갑하여 수신의 화신인 소와 싸움을 벌였다. 이빙의 부하들은 허리띠를 두르지 않은 소를 칼로 찔렀다. 수백 명의 용사가 활을 쏘아 죽였다는 설도 있다. 이리하여 이빙은 촉 지역의 백성을 괴롭히던 수신을 퇴치할 수 있었다.

4. 이랑신의 전설

중국에는 이랑신에 관한 전설이 많다. 전설에 따르면 전국시대 말기에 이빙이 치수에 공을 세우자, 촉나라 사람들은 이빙을 기려 관커우(灌口, 관구)에 사당을 세우고 제사를 지냈다고 한다. 민간에서 숭배하는 이랑신(二郎神)은 이빙만이 아니라 조욱(趙昱)·양전(楊戩)·등하(鄧遐) 등을 지칭하기도 한다. 이들이 이랑신으로 받들어지게 된 내력은 다양하다. 송나라 이후에 다양한 내력으로 이랑신이 된 자들이 생겨났다.

『풍속통의(風俗通義)』에 의하면 이빙은 진(秦)나라 소왕(昭王) 때에 촉나라를 정벌하여 공을 세운 인물로, 해마다 동녀(童女)들을 바치는 강신(江神)을 물리쳐 백성의 근심거리를 해소시켰다고 전한다. 당(唐)나라 이후에 이빙을 '이이랑(李二郎)'이라 부르기 시작하였는데, 주로 파촉(巴蜀) 지역의 신묘(神廟)에서 제사를 지내며 받들었다고 한다.

일설로는 촉군태수 이빙의 둘째 아들인 이이랑이 이빙이 진행하던 치수사업을 도와주었고, 민강의 교룡(蛟龍)을 참하였다고 한다. 민간에 축대를 쌓아 백성의 우환을 덜었고, 촉나라 사람들은 그러한 그를 기려 '관구이랑신(灌口二郎神)'에 봉하였고, 끊김이 없이 제사(祠祀)를 지냈다고 한다. 이렇게 제사를 지낸 사당을 통칭 '관구이랑묘(灌口二郎廟)'라고 부른다. 강이 범람할 때면 이랑신이 백마를 타고 나타나 강을

조용히 다스렸다고 한다.

　도교에서 숭배하는 이랑신은 수(隋, 581~618)나라 사람인 조욱(趙昱)이다. 그는 물에 들어가 교룡의 목을 자르고 죽은 뒤 신이 되었다고 하는데, 그 후에 '관구이랑신'으로 불리게 되었다. 당나라 유종원(柳宗元)이 찬한 전기(傳奇)소설『용성록(龍城錄, 하동선생용성록河東先生龍城錄이라고도 함)』에 "조욱참교(趙昱斬蛟)"라는 내용이 있다. 이 소설에 조욱이 촉나라 가주(嘉州)의 수령이 되어 백성에게 해악을 끼치는 늙은 교룡을 물리쳤다는 이야기가 처음으로 보인다. 송대(宋代, 960~1279) 진종(眞宗, 968~1022)은 조욱을 '청원묘도진군(淸源妙道眞君)'에 봉하였다.

　『서유기』와 희곡 속에 등장하는 이랑신의 이름은 양전(楊戩)이다. 눈이 3개이고 갑옷을 입고 삼첨양인도(三尖兩刃刀)를 지녔으며, 신견을 끌고 다녔다고 한다.『봉신연의(封神演義)』작가는 이이랑을 양전이라고 칭하였다.『성세항언(醒世恒言)』「제13권」에 양전과 이랑신의 이야기를 적고 있다. 남송·금·원을 거치면서 약 이삼백년 동안 '이랑신'과 '양전'이라는 두 단어는 떼어놓을 수 없게 되었고, 양전은 이랑신의 대명사가 되었다. 남송 홍매(洪邁)가 지은『이견지(夷堅志)』에 양전은 송 휘종(徽宗)에게 총애를 받던 신하라는 기록이 나온다.

　등하(鄧遐)는 동진(東晉)의 유명한 장수로서 이랑장(二郎將)이라 불렸다. 등하가 양양성(襄陽城) 북수(北水)에 사는 교룡을 물리쳤다는 전설이 이빙과 조욱의 이야기와 섞여 전해졌고, 민간에서 이랑신으로 받들게 되었다.

제3장 〈염석전기〉를 통해 청렴 관리를 보다

청렴한 관직생활을 일컫는 대표적인 고사성어로 '울림석(鬱林石)'이라는 말이 있다. 이 고사성어는 삼국시대 오나라 울림(鬱林) 지역의 태수 육적(陸績)이 귀향할 때 짐이 너무 없어 배가 무게중심을 잡지 못하자, 돌을 실었다는 일화에서 비롯되었다.

이후 '울림석'은 공직을 마치고 퇴직할 때 빈손으로 돌아가는 청렴한 관직생활을 일컫는 말이 되었다. 이 말은『삼국지』「오서·육적전(陸績傳)」과『신당서(新唐書)』「은일전(隱逸傳) 육구몽(陸龜蒙)」에 나온다. 이를 보고 사람들은 청렴한 관리를 '울림석' 또는 '염석(廉石)'이라 부르게 되었다.

1. 드라마 〈염석전기〉

중국 드라마 전문채널인 CHING은 2011년 4월 29일부터 〈염석전기(廉石傳奇)〉를 방영하였다. 총 30부작으로 제작된 〈염석전기〉는 삼국시대 최고의 청렴관으로 꼽히는 오나라 '육적'이 울림에서 태수로 지낼 때의 이야기로, 육적이 낙후한 생산을 개량하고 교육을 진흥하며, 탐관오리를 척결한 이야기를 담고 있다.

〈염석전기〉는 광시 울림 지역에서 널리 알려진 '염석' 문화에서 이름을 땄다. '염석'은 뇌물을 사양하는 청렴한 관료생활과 탐관오리를 척결하는 공정한 직무와 판결의 생활을 상징한다. '염석'은 현재 쑤저우(蘇州) 문묘(文廟)박물관에 있다. 중국 최고의 청렴관으로 꼽히는 삼국시대의 육적이 울림 태수의 임기를 마치고 떠날 때였다. 배에 실은 짐이 너무 가벼워 배가 뜨지 못하게 되자 해안에 있던 거대한 돌을 배에 실었다. 배가 어느 정도 무거워지자 뜨게 되어 집으로 돌아갈 수 있었다는 얘기이다. 이후에 이 돌은 청렴의 상징이 되어 '염석'이라 불려졌다.

CHING은 "중국 국가청렴위원회가 오늘날 중국 사회를 깨우치고 경고하며 정화시키는 드라마라고 극찬한 작품"이라고 설명하였다. 부정부패가 만연해 있던 중국에서 〈염석전기〉가 방영되자 시청자들로부터 좋은 평가를 받았다. 한국에서도 〈염석전기〉는 시청자들로부터 호평을 얻었다.

중국에서 2015년 한 해를 상징하는 '올해의 한자'로 '염(廉, 청렴하다)'자가 선정되었다. 동년 12월 18일 중국 인민망(人民網)은 교육부 산하 국가언어자원조사연구센터, 상무인서관(商務印書館) 등과 공동으로 주최한 '올해의 한자'에 '염'자가 선정되었다고 보도하였다. 이는 시진핑이 추진하였던 부정부패 척결과 관련이 있다.

2. 효와 청렴의 상징! 육적

1) 육적은 누구인가?

육적(陸績, 188~219)은 오나라 손권의 참모를 지낸 사람으로 '효'와 '청렴'의 상징이다. 육적은 후한 말의 관료이자 학자로, 자는 공기(公紀)이며, 오군오현(吳郡吳縣, 오늘날 장쑤성 쑤저우) 사람이다. 육적은 고사성어 '회귤고사(懷橘故事)', '육적회귤(陸積懷橘)'의 주인공이다. 그리고 울림태수 시절 청렴한 생활을 한 관리로 〈염석전기〉의 주인공이 되었다.

『삼국지』「오서·육적전」에 의하면 "육적은 울림태수에 이르고 편장군(偏將軍)이 되었다. 『혼천도(渾天圖)』를 지었고, 『역(易)』에 주(注)를 달았으며 『현(玄)』을 해설하였다"라고 적혀 있다.

육적은 32세에 죽었는데, 자신이 죽을 날을 미리 알고, "한의 지사 육적은 어려서는 『시경』, 『상서』를 익혔고, 장성해서는 『예기』, 『주역』을 익혔으나, 명을 받아 남정하던 중 질병에 걸려 위독해졌구나! 내가 만난 수명은 길지 못하니, 오호라, 세상과 격리됨이 슬프구나!"라는 사를 지었다. 또 "지금부터 60년이 지나면, 수레는 궤를 같이하고, 글은 문자를 같이할 것인데, 이를 보지 못하니 원통하구나!"라고 하였다.

2) '효'의 상징: 회귤고사, 육적회귤

원나라 곽거경(郭居敬)이 지은 『이십사효(二十四孝)』에는 24명의 효행이 적혀 있다. 여기에는 육적의 이야기도 수록되어 있다. 훗날 '회귤고사(懷橘故事)', '육적회귤(陸積懷橘)', '회귤'이라 하여 지극한 효성을 일컬을 때 인용되었다.

육적이 여섯 살 때 회남(淮南) 지역에 웅거(雄據)하던 군벌이자 원소(袁紹)의 배다른 동생인 원술(袁術)을 만나러 구강(九江)으로 갔다. 원술은 육적에게 귤을 내놓아 먹으라고 하였다. 육적은 귤을 먹는 둥 마는 둥 시늉만 하다가 원술이 잠시 자리를 비운 사이에 귤을 재빨리 품안에 감추었다. 육적이 돌아갈 때가 되어 원술에게 작별인사를 올리는데, 품에 넣었던 귤이 굴러떨어졌다. 당황한 육적이 어찌할 줄 모르고 있는데 원술이 조심스럽게 "육랑(陸郞, 육적)은 우리 집에 온 손님인데 왜 먹으라고 내놓은 귤을 먹지 않고 품속에 넣었지?"라고 물었다.

육적은 입장이 난처했지만 거짓 없이 "집에 돌아가면 어머니께 드리려고 그랬습니다"라고 답하였다. 이 말을 들은 원술은 어린 육적의 효성스런 마음에 감동하였다. 그는 "육랑같이 착하고 어버이를 섬길 줄 아는 효성스런 어린 아이는 처음 보았다. 이거 별거 아니지만 어머니께 갖다 올려라" 하며 귤을 더 내어 주었다. 이와 관련해서 '육적회귤'이란 말이 생겼다. 이는 "육적이 귤을 품다"라는 뜻으로 지극한 효성을 비유하는 말로, '회귤고사'라고도 한다.

3) 육적과 제갈공명

손책은 오군에 있으면서 장소(張昭), 장굉(張紘), 진송(秦松)을 상빈으로 모셨다. 이들은 천하가 아직 태평하지 않으므로, 마땅히 무력으로써 다스려 평정해야 한다고 주장하였다. 당시 육적은 나이가 어렸는데, 멀리서 크게 외쳐 관중과 제 환공(桓公)의 패업과 공자의 말을 언급하며, 이들이 덕이 아닌 무력에 의한 통치만을 주장하는 것을 비판하여 장소 등을 놀라게 하였다.

『삼국지연의』에서는 제43회에서 제갈공명이 동오를 찾아와 선비들과 논쟁을 하는 장면에서 나온다.

설종(薛綜)이 제갈공명을 공격하였으나 오히려 공명의 대응에 부끄러워하였다. 이때 육적은 "조조는 공신인 조참(曹參)의 후예이지만 유비는 황실 후예라는 것도 별 근거가 없고, 고작 돗자리나 짚신을 짜던 사람인데, 어떻게 조조와 함께 설 수 있겠냐"고 공격하였다.

제갈공명은 "유비가 황실의 후예임은 황실이 인증한 바이며, 조조가 조참의 후예라면 지금 조조가 황제를 끼고 전횡을 부리는 것은 한실에는 역적이고 조씨 가문에는 패륜아가 되는 것"이라고 답하였다. 또 "고조 유방(劉邦)은 고작 정장(亭長, 진나라가 설치한 지방 하급관리로, 진秦 법에 따르면, 10리마다 1정亭을 두고 10정亭마다 1향鄕을 두었다. 정장은 관직 이름으로 정亭의 치안과 소송 등의 직무를 담당하는 관리였다)의 지위에서 천하를 얻었는데, 유비가 돗자리나 짚신을 짜던 것은 부끄러운 일이 아니다"라고 답하였다. 육적은 말문이 막혀 답하지 못하였다. 회귤 고사가 직접적으로 언급되지는 않으며, 다만 제갈공명은 자신을 공격하는 육적에게 대답할 때 육적을 가리켜 "공은 원술 앞에서 귤을 품었던 육랑"이라고 일컬었다.

3. 청렴의 상징 '염석'

청렴하고 공정한 관직생활을 상징하는 '염석(廉石)'을 '울림석(鬱林 石)'이라고도 부른다. 염석은 삼국시대 육적과 관련이 있다. 육적이 임기를 마치고 떠날 때, 짐이 너무 가벼워 배가 중심을 잡지 못하자 큰 돌을 싣게 되었다. 그런 뒤에야 배가 균형을 잡았다는 전설에 따라 사람들은 육적을 칭찬하였다. 사람들은 돌을 '염석(廉石)', 즉 '청렴함 돌'이라고 불렀다. '염석'은 백성을 지극정성으로 돌보면서도 뇌물을 사양하고 탐관오리를 척결하는 청렴하고 공정한 관직 생활을 상징한다.

이 말은 『삼국지』 「오서·육적전」에 나온다. 손권이 오나라를 다스릴 때, 육적이 곧은 말을 하는 것을 꺼려하여, 이에 육적을 울림태수로 쫓아 보내었다. 육적은 청렴한 관리가 되었다. 벼슬을 그만두고 집으로 돌아올 때에 양 소매에는 맑은 바람만 불었다. 행장이 지나치게 가벼운 탓으로 배에 탔지만 배가 너무 가벼워 바다를 건너갈 수가 없었다. 이에 돌을 실어서 배를 누르니, 비로소 순조롭게 배를 운행할 수 있었다. 사람들이 그의 청렴함을 일컫는 말을 바위에 새겨 '울림석'이라 하였다.

『신당서』「은일전 육구몽」에도 비슷한 내용이 있다. 책에 "육구몽의 집은 고소(姑蘇)에 있는데, 그의 집 문에는 큰 바위가 있다. 먼 조상인 육적이 일찍이 오나라의 울림태수를 지냈다. 임무를 마치고 집으로 돌아오는데 지니고 있는 행장이 없어서, 배가 너무 가벼워 바다를 건널 수가 없었다. 바위를 취하여 배를 무겁게 하여 건널 수 있었다. 사람들이 그의 청렴한 것을 바위에 새겨서 울림석이라고 하였다. 그곳에 사는 사람들이 이르기를, "훗날에 청렴한 관리들이 전례의 고사로 삼은 것이다"라고 하였다.

4. 육적에 대한 평가와 한국에서의 기록

1) 육적에 대한 평가

진수(陳壽)는 육적을 높게 평가하여 "양웅의 『태현』에 대한 육적의 공적은 중니(공자)의 『춘추』에 대한 좌구명(左丘明)의 공적이나 노담(노자)의 『도덕경』에 대한 장주(莊周, 장자)의 공헌과 같은 것이다"라고 하였다. 그리고 손권의 인사에 대해서는 "이처럼 귀중한 인재에게 남월을 지키게 한 것은, 또한 인재를 해친 것이 아닌가!"라고 평하였다.

방통이 주유(周瑜)의 상여를 운구해 오나라에 왔다가 돌아가는 길에 창문에서 육적, 고소(顧邵), 전종(全琮)과 함께 모였다. 방통은 이 세 사람을 평하였는데, 육적에 대해서는 "굼뜬 말이라 할 만하니 매우 빠른 발의 힘이 있다"고 평하였다. 육적은 고소와 함께 "천하가 태평해지면 경과 더불어 사해의 선비들을 헤아려보고 싶다"고 말하였다.

2) 한국에 보이는 육적의 고사

조선시대 노계(蘆溪) 박인로(朴仁老, 1561~1642)가 지은 시조인 「조홍시가(早紅柿歌)」에 육적의 '회귤고사'가 보인다. 이 시조는 여헌(旅軒) 장현광(張顯光, 1554~1637)이 성리학을 배우러 온 노계에게 조홍시(早紅柿)를 대접하면서 그것을 소재로 짓도록 한 작품이다.

> 盤中(반중) 早紅(조홍)감이 고아도 보이ᄂ다.
> 柚子(유자) 안이라도 품엄즉도 ᄒ다마ᄂ
> 품어 가 반기리 업슬식 글노 설워 ᄒᄂ이다.
> (반중(쟁반) 조홍감이 고와도 보이나다
> 유자 아니라도 품음직도 하다마는
> 품어가 반길 이 없을새 글로 설워하노라)
>
> ─「조홍시가(早紅柿歌)」

「조홍시가」는 '육적회귤' 고사를 활용한 것으로 원술과 육적의 관계를 장현광과 박인로의 관계로 비유하여 효의 실천을 말하고 있다. 한음(漢陰) 이덕형(李德馨)이 「조홍시가」를 보고 1601년 박인로에게 단가(短歌) 세 수를 더 짓게 하였다고 전해진다.

제4장 〈주원장과 유백온〉에서 부패한 관료를 고발하다

드라마 〈주원장과 유백온〉의 시대적 배경은 명나라이지만, 고위층 관료의 부정부패 등 오늘날 중국에서 사회적 이슈가 되는 문제를 날카롭게 풍자한 것으로 평가된다. 주원장(朱元璋)은 명 태조이고 홍무제(洪武帝)라 불린다.

1. 드라마 〈주원장과 유백온〉

〈주원장과 유백온〉은 베이징 즈진청 영화공사(北京紫禁城影業公司)가 제작한 드라마이다. 2015년 2월 베이징 위성TV를 통해 방영되었다. 드라마의 중국명은 〈신기묘산 유백온(神機妙算劉伯溫)〉이다. 드라마가 방영될 당시에 시청률 1위를 기록하며 화제를 모았다. 하지만

강도 높은 사회 풍자로 중국에서는 기존 40부작에서 일부 에피소드가
삭제된 채 30부작만 방영되기도 하였다.

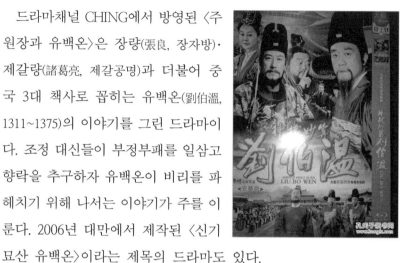

드라마채널 CHING에서 방영된 〈주
원장과 유백온〉은 장량(張良, 장자방)·
제갈량(諸葛亮, 제갈공명)과 더불어 중
국 3대 책사로 꼽히는 유백온(劉伯溫,
1311~1375)의 이야기를 그린 드라마이
다. 조정 대신들이 부정부패를 일삼고
향락을 추구하자 유백온이 비리를 파
헤치기 위해 나서는 이야기가 주를 이
룬다. 2006년 대만에서 제작된 〈신기
묘산 유백온〉이라는 제목의 드라마도 있다.

진용의 소설 『녹정기』에도 유백온에 대한 얘기가 나온다. 위소보(韋
小寶)는 오응웅(吳應熊)에게 다가가 "소왕야(小王爺), 그대의 신기묘산
(神機妙算)에 탄복을 금치 못하오. 옛날의 제갈량이나 유백온도 그대의
능력에는 미치지 못할 것이오"라고 말하였다.

2. 책략가 유백온

유백온은 원말 명초 시기의 군사가이자 정치가이며 문학가이다.
송렴(宋濂), 고계(高啟)와 더불어 '명초시문삼대가(明初詩文三大家)'로
일컬어진다.

유백온의 본명은 유기(劉基)이고, 자는 백온(伯溫)이다. 보통 유백온
이라고 불린다. 유백온은 청전현(青田縣, 저장성 원저우시溫州市 원청현文成

縣) 난톈향南田鄉) 사람으로 '유청전(劉青田)'으로 불리기도 한다. 벼슬은 장시(江西) 고안현승(高安縣丞), 어사중승(御史中丞), 태사령(太史令), 홍문관학사(弘文館學士) 등을 역임하였다.

유백온은 주원장의 책사로서 "제갈량은 천하를 삼분하고 유백온은 강산을 통일하였다"는 말이 전해질 정도로 높이 평가받고 있다. 2008년 6월 7일 "유백온전설(劉伯溫傳說)"은 국무원의 비준을 얻어 제2차 국가급 비물질문화유산 명록에 들어갔다.

유백온과 관련된 주요 작품으로는 1986년 저장(浙江) 문예(文藝)출판사에서 출간한 『유백온의 전설』이 있다. 1990년과 1994년에 원저우 군예관(群藝館)에서 편인(編印)한 『원류(園柳)』 잡지 속에 『유백온의 전설 이야기』가 있고, 1998년 원청현 여유국(旅游局)에서 편인한 『유백온 민간고사 선(選)』이 있다. 또 2005년에 인민일보출판사가 출간한 『유백온전설』이 있다.

1980~90년대에 원청현 월극단(越劇團)이 연출한 대형 월극 〈유백온 하산(下山)하다〉, 〈유백온 혼인을 거절하다〉, 〈유백온 주원장의 민간 생사교(生死交)〉 등은 여러 지역에서 인기를 얻었다. "유백온 전설"이 분포하는 지역에는 서로 다른 층차의 문화권을 갖고 있다. 먼저 원청현을 핵심으로 하는 구월(甌越)문화권이 있다. 구체적인 범위는 구강(甌江), 비운강(飛雲江), 오강(敖江) 3개 강 유역 내의 원저우시 전체 및 리수이(麗水)시의 칭톈(青田)현이다. 그 다음은 구월문화권을 제외한 오월(吳越)문화권이다. 저장성과 장쑤성 등을 포함한다.

유백온에 관한 기록으로는 『명사(明史)』 「유기전(劉基傳)」, 『성의백문집(誠意伯文集)』 20권이 있다. 이 문집에는 부(賦), 시, 사(詞) 등 1600여 수와 각종 글 230여 편이 수록되어 있다. 오함(吳晗, 1909~1969)의 『주원장전(朱元璋傳)』에도 유백온의 이름과 행적이 곳곳에 나타난다.

유백온은 경사(經史), 천문, 병법에 정통하였다. 후인들은 제갈무후(諸葛武侯)와 비교하였고, 주원장도 여러 차례 "나의 자방(子房)"이라고 칭찬하였다. 홍무(洪武) 3년(1370)에 성의백(誠意伯)으로 봉해져 유성의(劉誠意)로 일컬어진다. 사후에 태사(太師)로 추증되었고, 시호가 문성(文成)이기 때문에 후세 사람들은 유문성(劉文成), 문성공(文成公)으로 일컬었다. 저서로는 『욱리자(郁離子)』, 『이미공집(犁眉公集)』, 『백전기략(百戰奇略)』 등이 있다.

유백온에 대한 후대 작가들의 평가는 후한 편이다. 리정(李政)은 『권력의 숨은 법칙: 유백온과 주원장, 관리사회의 함정을 피하려거든 권력을 멀리하라』에서 유백온은 권력을 멀리하고 매사에 신중을 기한 덕분에 일족이 온전하게 살아남았다고 기술하였다. 유백온을 권력 한 가운데 있으면서도 권력과 초연한 인물로 묘사하였다. 찌아원홍(賈文紅)은 『중국의 인물열전』에서 "세상의 이치를 손바닥에 놓고 들여다 본 인물'"로 표현하였다. 홍정숙이 엮은 『중국사를 움직인 100인』에도 유백온이 등장한다. 이 책에서는 유백온을 "과거와 미래를 꿰뚫어 본 예언자"로 극찬하였다.

3. 『욱리자』

『욱리자(郁離子)』는 182편의 우언(寓言) 산문으로 구성되어 있다. 태평성대에 이르는 치국의 도를 서술한 것이다. 책에 등장하는 '욱리자'는 유백온이 지어낸 이상적 인물이다. 유백온은 『욱리자』의 「무당과 귀신(巫鬼)」, 「술수꾼(術使)」, 「동릉후(東陵侯)」, 「초나라 무당(楚巫)」, 「귀신에 대해(論鬼)」, 「귀신이 한 짓(畏鬼)」 등을 통해 점을 치는 행위를 비난하였고 미신 타파를 강조하였다.

『욱리자』에서 유백온은 동물이나 곤충을 신화나 전설에 빗대어 활용하여 세상을 풍자하기도 하였고, 역사적 인물을 통해 위정자를 풍자하기도 하였다. 기괴하고 환상적인 이야기를 통해 당시 핍박받고 있던 백성들의 참혹한 상황을 드러내었다.

『욱리자』에서 유백온의 정치적 포부와 이상을 알 수 있다. 책에서 핍박받는 백성을 감싸 안으려 하였고, 이를 해결하기 위한 정치적 포부를 밝히기도 하였다. 위정자와 관리들의 부정부패를 언급하였고, 관료제도의 정비를 주장하였다.

유백온의 예견대로 사후 5년 만인 1380년, 국법질서 문란, 권력 농단, 일본·몽고와 사통하였다는 죄목으로 호유용(胡惟庸, ?~1380)과 9족이 몰살되었다. 이른바 '호유용의 옥(獄)'이다. 이 사건에 연좌되어 죽은 사람이 약 1만 5천~3만 명에 이르렀다고 한다. 호유용이 죽은 후, 10년 만에 77세의 이선장도 호유용 사건에 연루되었고, 친인척 70여 명이 죽임을 당하였다.

『욱리자』「논지(論智)」편에 지식과 관련된 내용이 있다. 이 내용은 뛰어난 견식과 책략을 갖고 있더라도 상황을 잘 파악하지 못하면 화를 당한다는 의미를 담고 있다. 내용을 살펴보면 다음과 같다.

마을의 어떤 사람이 욱리자에게 "구름은 산에서 생기는데 산은 그 구름 덕에 신령스러워집니다. 한편 연기는 불에서 생기는데 불길은 그 연기 때문에 꺼집니다. 그러니 이상하지 않습니까?"라고 물었다.

욱리자가 "좋은 물음입니다. 무릇 사람이 아는 것을 사용하는 것도 그와 같습니다. 무릇 앎이란 사람이 얻어내는 것인데, 그것을 잘 활용해야 합니다. 마치 산에서 구름이 생겨나는 것과 같이 되고, 잘못 쓰면 불길에 연기가 생기는 것과 같이 됩니다. 한비(韓非)가 진(秦)에서 갇히고 조조(晁錯)가 한(漢)에서 죽은 것은 불길에서 연기가 나온 것과 같습니다"라고 답하였다.

「다의난여공사(多疑難與共事)」편에는 의심이 많은 사람과는 일을 같이 하기 어렵다는 내용이 실려 있는데, 의심이 많은 사람과 요행을 바라는 사람에 대한 경계임을 알 수 있다. 그 내용을 살펴보면 다음과 같다.

욱리자가 "의심이 많은 사람과는 같이 일할 수 없고, 요행(僥幸)을 믿는 사람과는 같이 나라를 안정시킬 수 없다. 의심이 많은 사람은 마음이 분산(心離)되니, 그의 실패는 어지러움 때문이다. 요행을 믿는 사람은 마음이 지나치니(心汰), 그의 실패는 소홀함 때문이다. 무릇 의심이 많으면, 후에 아첨하는 사람들이 모이고, 오로지 요행을 믿으면 후에 두려워함을 잊어버린 사람들이 모인다. 아첨하는 사람은 지레 순종하여 그 총명함을 가려버리고, 두려움을 잊어버린 사람은 욕심이 가득하여 더욱 포악하게 만든다. 의심하지 말아야 할 것을 더욱 의심하고, 결행하지 말아야 할 것을 결행하게 된다. 실패한 후에 후회하면 무슨 소용이 있겠는가!"라고 말하였다.

4. 유백온의 시책

1) 시무18책

유백온은 고향에 은거하고 있을 때, 주원장이 유백온의 명성을 흠모하여 도와주기를 간청하였다. 이때 유백온은 금릉으로 가서 〈시무18책(時務十八策)〉을 올려 천하를 얻는 방책을 제시하였다.

주요 계책은 "소명왕(小明王)인 한림아(韓林兒)를 받들지 말고, 먼저 진우량(陳友諒)을 멸하고, 다음에 장사성(張士誠)을 멸하며, 그 후에 북으로 중원으로 올라가서 천하를 통일한다"는 것이었다. 이 계책에 따라 1363년 진우량의 65만 병력과 주원장의 20만 병력이 서로의 운명을 걸고 한 달 이상 혈전을 벌였다. 이 전투가 '파양호 전투(鄱陽湖戰鬪)'이다. 이 파양호 전투를 나관중이 『삼국지연의』에 나오는 적벽대전 전투 상황으로 묘사하였다. '파양호 전투'를 보고 주원장이 매우 기뻐하여 예현관(禮賢館)을 따로 지어 유백온을 거주하게 하였다. 이 때부터 유백온은 주원장의 주요 참모가 되었다.

파양호전투에 대한 고사는 다음과 같다.

원나라 말 군웅이 할거하였다. 소금밀매업자 출신 장사성이 쑤저우를 근거지로, 어부 출신이며 힘이 장사에다 무예가 뛰어난 진우량이 장시(江西) 일대에서, 주원장을 가운데 두고 동과 서에서 압박하였다. 진우량은 천하제패의 야심이 있는 자로서, 그의 세력 판도는 장시성, 후베이성, 후난성, 광시성 일대에 달하였다. 진우량의 군대는 병력의 수와 질, 병사의 사기 측면에서 모두 주원장을 압도하였다.

주원장이 응천(應天, 난징)에 도착한 유기에게, 진우량과 장사성 군대의 동향과 정세에 관해 묻자, 유기는 "위험한 주적은 진우량인데,

그는 정병과 대선을 보유하고 있는데다 우리의 상류에 버티고 있으며 야심도 큽니다. 진우량의 군대는 사기도 왕성하고 수군 또한 우수합니다. 먼저 힘을 집중하여 진우량을 쳐서 패퇴시키면, 장사성의 군대는 고립되니 단번에 평정할 수 있을 것입니다"라고 답하였다.

주원장은 유기의 조언에 따라, 먼저 진우량의 군대를 공격하였다. 유기의 지략과 묘책이 진가를 드러냈다. '파양호 전투'에서 20만 군대로 진우량의 60만 대군을 격파하였다. 유기의 신책(神策)은 대부분 적중하였다. 주원장은 그를 "나의 장자방!"이라며 흡족해 하였다.

유백온은 주원장의 목숨을 구하기도 하였다. 파양호 전투에서 주원장이 탄 배가 진우량 군대에 의해 집중 포격을 받자, 주원장에게 속히 배를 갈아타게 하여 목숨을 구하였다.

2) 법전 제정

1367년, 주원장의 지시로 유기·도안(陶安) 등 20여 명이 법전의 제정에 착수하였다. 이듬해 『대명률(大明律)』이 완성되었다. 1368년 명 왕조가 개국하였는데, 건국 초, 유기 등의 건의에 따라 『군위법(軍衛法)』을 제정하고 대사면령을 내렸다. 이 법에 의거, 병사들은 평소에 영농활동을 하고 전시에 전투에 투입돼 과도한 군사비 지출을 줄일 수 있었다.

유백온은 "현자를 받드는 것이 정치의 요체다. 전쟁 중에도 농사를 소홀히 해서는 안 되며, 밭을 가는 중에도 전쟁을 잊어서는 안 된다. 전쟁에 능한 자는 적정을 잘 살핀다. 천하를 얻으려는 자는 민심을 얻어야 한다. 민심을 얻기 위해서는 형벌을 가벼이 하고 세금과 부역을 덜어줘야 한다. 유교를 기초로 풍속과 기강을 바로잡고 백성의 교화에 힘써야 한다"라고 여겼다.

3) 명리를 탐하지 않다

유백온은 명나라가 개국할 때 최대 공신 중의 한 명이다. 하지만, 주원장이 공신들에게 작위를 줄 때, 유백온은 다른 공신들보다는 훨씬 낮은 작위만을 받았다. 유백온은 명리를 탐하지 않았기에 불만이 없었다.

주원장이 명을 건국한 후 많은 공신을 숙청하였는데, 이때 숙청을 피한 개국공신은 유백온과 서달(徐達) 및 탕화(湯和)뿐이었다. 이들은 모두 명리를 탐하지 않았기 때문에 살아남을 수 있었다.

유백온은 젊을 때부터 원칙과 소신을 중요하게 여겼다. 이선장의 측근인 탐관 이빈(李彬)이 법을 어기자 원칙대로 그를 처형하였다. 이로 인해 이선장 일파의 눈엣가시가 되었다.

유백온은 저둥(浙東) 지주집단으로 분류되어, 회서파(淮西派, 오늘날 안후이성 안칭安慶, 허난성 광저우光州, 후베이성 황저우黃州 일대)의 실력자인 이선장·호유용 등으로부터 집중 견제를 받았다.

어느 날 주원장이 이선장 후임으로 적절한 승상감을 찾던 중에 유백온을 불렀다. 주원장은 양헌(楊憲), 왕광양(汪廣洋), 호유용을 차례로 거명하며 그의 의견을 물었다. 유백온은 세 사람 모두 재목감이 못된다고 하였다. 특히 호유용을 두고 "호유용은 가마를 모는 말에 비유할 수 있습니다. 말이 가마를 뒤엎어 버릴까 두렵습니다"라고 하며 부정적으로 답하였다.

주원장이 유백온을 적임자로 여겨 승상 자리에 앉히려 하자, 유백온은 자신이 질투와 증오심이 많고 그릇이 작아, 번잡한 정무를 맡기에 부적절하다며 사양하였다. 결국 주원장은 호유용, 왕광양을 승상에 기용하였다.

유백온은 호유용이 요직에 오르자 부인의 죽음을 구실로 사직하고 고향으로 돌아왔다. 모욕을 당한 호유용은 유백온이 지방관과 공모하여, 왕의 기운이 서려 있는 담양(談洋) 땅에 자신의 묘를 세우려 한다고 모함하였다. 유백온은 병약한 몸을 이끌고 해명하기 위해 홍무제를 알현하였다. 하지만 유백온은 이미 홍무제의 신임을 잃은 상태였고, 봉록도 박탈당하였다.

5. 유백온과 관련된 고사

유백온과 관련하여 여러 가지 전설과 시가 등이 많이 전해지고 있다. 대표적인 것이 제갈량과의 고사, 월병, 「소병가」이다.

1) 유백온과 제갈량

1368년 주원장이 난징에서 황제에 등극하고 국호를 대명이라 하였다. 유기는 "강산을 통일한 유백온(一統江山劉伯溫)"이라는 영예로운 칭호를 갖게 되었다. 이후 세간에서는 다음과 같은 말이 전해졌다.

三分天下諸葛亮	천하를 셋으로 나눈 것은 제갈량이요
一統江山劉伯溫	강산을 하나로 통일한 것은 유백온이다.
前朝軍師諸葛亮	전 조의 군사는 제갈량이요
後朝軍師劉伯溫	후 조의 군사는 유백온이다

이 말은 자연스럽게 제갈량과 유백온이 모두 지혜로운 사람임을 찬탄한 것이었다. 유백온과 관련하여 다음과 같은 일화가 전해 온다.

명 태조 주원장은 유백온의 재주가 제갈공명보다 더 뛰어나다고 인정하였고, 유백온도 자신이 공명보다 못할 바가 있겠냐라고 생각하였다.

성의백에 봉해진 유백온이 주원장을 도와 명나라를 세우고 개국공신으로서 천하를 구경하던 중 옛 촉한 땅에 들어섰다. 역사 고적과 풍물들을 구경하면서 날이 저물어 어떤 절에서 하룻밤을 묵게 되었다. 새벽 첫닭이 울 무렵 잠이 깨었는데 어디선가 닭이 우는 소리가 들려왔다. 유백온은 "인가가 워낙 멀어 닭 울음소리가 안 들릴 터인데 웬 닭 울음소리일까?"라고 중얼거렸다.

아침에 일어난 유백온은 궁금하여 주지에게 "절에서 닭의 울음소리가 들리니 웬일이오?"라고 물었다. 주지는 웃음을 띤 얼굴로 "이 절에는 예부터 전해 내려오는 보물이 있사온데 그것이 바로 흙으로 빚어 만든 닭입니다. 그 닭은 옛 촉한의 제갈공명이 이 절에서 하루 저녁을 지내고 가시다가 기념으로 빚어 놓은 닭이라고 하는데, 새벽 닭 우는 시간이 되면 울어 시간을 알려주곤 합니다"라고 대답하였다.

유백온은 자신이 명 태조로 하여금 천하를 통일하여 명나라를 세우게 한 것에 비하여 제갈공명은 겨우 천하를 삼분하는 데 그쳤으니 자신보다 못하면 못하지 절대 나을 것이 없다고 생각하고 있었다. 그런데 공명이 빚은 흙닭이 오랜 세월이 지난 지금까지 시간을 맞추어 운다고 하니 놀라지 않을 수 없었다.

도대체 흙닭 속에 무엇을 넣어 두었길래 시간을 맞추어 우는 것인지 궁금하여, 흙닭을 가져오게 하여 깨뜨려 보았다. 그런데 그 안에서는 신기한 것은 없었고, 글발이 적힌 조그마한 비단 두루마리만 있었다. 두루마리에는 "유기파토계(劉基破土鷄)", 즉 "유백온이 흙닭을 깨뜨리다"라는 글자가 적혀 있었다.

유백온은 고개를 갸우뚱거리며 자신도 흙닭을 하나 빚어 시험해 보았다. 그러나 유백온이 빚은 흙닭은 울기는 울었지만 일정한 시간 없이 밤낮으로 울었다.

다음날 유백온은 제갈공명의 사당이 있는 지역으로 들어섰다. 제왕이나 위인들의 사당에 참배하려면 신분에 관계없이 일정한 거리에서 모두 말에서 내리도록 한 하마비(下馬碑)가 세워져 있었다. 그런데 유백온은 제갈공명을 대수롭지 않게 보았기 때문에 하마비에서 내리지 않고 말을 타고 통과하려 하였다.

하마비를 통과하려는 순간 말발굽이 땅 속의 무언가에 걸려 말이 꼼짝도 하지 못하였다. 어쩔 수 없이 유백온은 말에서 내려 종자로 하여금 말발굽 밑을 파보도록 하였다. 그곳에서 유백온을 훈계하는 듯한 내용의 글이 나왔다.

　"때를 만나면 천지도 함께 힘을 합치지만, 운수가 없으면 영웅의 계략
　도 소용이 없다."

유백온은 머리를 한 대 맞은 듯 정신이 들었다. 제갈공명의 사당에 참배를 마친 유백온은 제갈공명의 묘소로 갔다. 제갈공명의 묘소가 보이자 유백온은 고개를 갸우뚱거렸다. 유백온이 고개를 갸우뚱거린 것은 제갈공명이 풍수지리에 어둡다고 여겼기 때문이었다. 제갈공명의 묘소 뒤쪽에는 제왕이 묻힐 만한 묏자리가 있었지만, 제갈공명은 보잘것없는 묏자리에 자신을 장사지내게 하였다고 여겼다. 유백온은 제갈공명이 자신이 생각한대로 뛰어난 인물이 아니라고 생각하였다.

유백온은 제갈공명의 묘소에 올라 참배를 마치고 일어서려는데 이상하게도 무릎이 땅바닥에서 떨어지지 않았다. 일어나려고 힘을 쓰면 쓸수록 더욱 굳게 달라붙었다. 종자를 시켜 그곳을 파보니 "충신불리군왕측(忠臣不離君王側, 충신은 죽어도 제왕의 곁을 떠나지 않는다)"라는 글이 나왔다.

유백온의 귀에는 제갈공명의 말이 들려오는 것 같았다. 유백온은 감탄한 나머지 한숨을 쉬며 다음과 같이 말하였다.

"전무후무 제갈무후(前無後無 諸葛武候, 역사 이래로 공명만한 사람 없고, 역사가 이어지는 앞날에도 공명만한 사람 없다)"

2) 유백온과 월병

중국에서 중추절을 대표하는 먹거리는 월병이다. 월병은 달에 제사를 지내기 위해 사용되는 제사용품이었다. 월병은 둥근 달 모양을 닮아 화합과 단결을 상징한다.

중추절에 월병을 먹기 시작한 것은 원(元)나라 때부터라고 전해진다. 당시 몽골족이 중국을 통치하던 시기였는데 주원장이 몽골족의 진압에 항의하는 봉기를 준비하고 있었다. 한날한시에 사람들을 모아 거사를 치르기 위해서 단시간 내에 봉기를 일으킬 시간과 장소를 많은 사람들에게 전달해야 했는데 몽골족들의 감시가 매우 심해 쉽지 않았다.

방법을 고심하던 중 주원장의 책사인 유백온이 8월 15일에 거사를 치를 날짜를 적은 종이쪽지를 월병 속에 몰래 넣어 각지 사람들에게 돌렸다. 봉기는 성공하였으며, 몽골족을 초원으로 쫓아내고 명나라를 세웠다. 황제가 된 주원장은 이날을 기리기 위해 매년 중추절에 공을 세운 신하들에게 월병을 상으로 내렸다고 한다. 이것이 유래가 되어 월병은 중추절을 대표하는 음식이 되었다.

3)「소병가」

「소병가(燒餅歌)」의 기원은 유백온과 관련이 있다. 주원장이 "천하를 다스릴 수 있을 것"인가에 대해 유백온에게 물었는데, 유백온은 "조대의 바꿈과 대체는 자연히 정해져 있는 것이라 천기는 누설할 수 없다"고 답하였다.

주원장이 제왕이라 거절할 수 없었기에 유백온은 시가 한 수를 지었다. 유백온이 임금을 만났을 때 주원장이 마침 소병을 먹고 있었기에 「소병가」라고 불렀다. 관련된 이야기를 살펴보면 다음과 같다.

1368년 어느 날 아침, 명 태조 주원장이 내전에서 소병을 먹고 있을 때 내감이 유백온이 왔다고 보고하였다. 태조는 유백온을 시험하고자 소병을 한 입 먹고는 사발로 덮어 가리고 유백온을 궁으로 불러들였다.

태조는 "선생은 수리에 밝으시니 사발 속에 무엇이 있는지 알 만한지요?"라고 물었다.

유백온은 손가락으로 세어보더니 "반은 해와 같고 반은 달과 같은데 금룡이 한 입 물려져 한 조각이 모자랍니다"라고 대답하였고, 이어

"신이 보기에 소병입니다"라고 답하였다. 열어보니 과연 그러하였다.

주원장은 "천하 후세의 일이 어떠한가?", "천하지사는 어떠한가? 주씨의 천하가 오래 갈 수 있겠는가?"라고 물었다.

유백온은 "망망천수(茫茫天數)에 주인님은 만자만손(萬子萬孫)인데 물을 필요가 있겠습니까?"라고 답하였다. 유백온의 대답은 두 가지의 뜻이 동시에 내포되어 있었다. 표면상으로 볼 때는 공경스러운 말로서 명조의 천하가 천추만대로 전해진다고 말하였지만, 사실상 만력(萬曆) 황제의 손자인 숭정(崇禎, 명나라 마지막 연호) 황제까지 전해질 수 있다고 명확하게 예언하였던 것이다. 유백온이 당시에 명확히 말해줄 수가 없었고 또 다른 한편으로는 황제를 속이는 죄를 범할 수가 없었기에 이렇게 말했던 것이다.

주원장이 "비록 자고로 흥망에는 정수가 있고 천하는 일인의 천하가 될 수 없으며 오직 덕이 있는 자라야 누릴 수 있는 이치인데, 말해도 무슨 관련이 있으리오. 대체적으로 말해보시오"라고 말하였다.

유백온은 "천기를 누설하면 신하의 죄 가볍지 아니하오니 폐하께선 신하의 죄를 용서해주셔야 감히 여쭐 수가 있사옵니다"라고 말하였다.

주원장이 죽음을 면하는 금패(金牌)를 내리자 유백온은 황은에 감사를 드리고 말하였다. 유백온은 주원장이 하사한 면사금패를 받은 후 시가의 형식으로 미래의 사건들을 모두 말하였다.

제5장 〈무훈전〉을 보고 중국 건국 초기를 꿰뚫다

청나라 말 서구열강의 침략으로 세계 제1위의 경제대국이었던 청나라가 몰락의 길을 걸었다. 청나라 말 많은 지식인들이 청나라의 재건을 위해 새로운 정책을 실시하였다. 반면, 일부 지식인은 만주인을 몰아내고 한족 중심의 국가를 세우자고 강조하였다.

이러한 시대적 상황 속에서 많은 지식인들은 서구의 많은 저작을 번역하여 소개하였고, 새로운 사상과 학문을 청에 전하였다. 그리고 '무훈(武訓)'처럼 학교를 설립하여 교육에 전념한 사람도 있다.

1. 영화 〈무훈전〉

영화 〈무훈전(武訓傳, Life of Wuxun)〉은 1948년 여름 중국제편창에서

촬영을 기획하였고, 중국 건국 후에 각
본가의 수정을 거쳐 1950년 10월 상하
이 쿤룬영화사(上海崑崙影業公司)에서 완
성하였다. 감독은 쑨위(孫瑜)였다.

영화 〈무훈전〉은 1951년 2월 21일
에 상영하였는데, 상·하 두 편이고, 길
이는 총 208분이었다. 이 영화는 청말
산둥성에서 빈농의 아들로 태어나 거
지생활을 하는 굴욕을 참고 돈을 모아
학교를 설립한 실존 인물 무훈의 일대
기를 다루었다. 영화 〈무훈전〉은 여우
쿠(https://v.youku.com/v_show/id_XMzAyOTE3NjMwMA==.html)에서 시
청할 수 있다.

2. 고조기행, 천고일인! 무훈

무훈은 소년 시절에는 힘든 생활을 하였고, 청년 시절에는 '행걸흥
학(行乞興學)'을 하여, '고조기행(苦操奇行)'과 '천고일인(千古一人)'이라
는 칭호를 얻었다. 청나라 말 산둥 탕이(堂邑)에서 태어나 평생 걸인으
로 살았던 무훈은 일곱 살 때에 아버지를 여의고 어머니와 구걸로
살아갔다. 또 어머니가 병으로 사망하자 삼년상을 마친 뒤에 돈을
벌기 위해 외지로 갔다.

무훈은 구걸로 살아가면서도 30여 년간 의숙(義塾) 3곳을 설립하고,
학전(學田) 300여 묘를 사들였으며, 학교 운영 자금 1만 관을 마련하였

다. 이는 중국 및 세계 교육사에서 유례없는 일이었다. 무훈이 세상을 떠난 후 청나라 조정은 무훈의 업적을 국사관 기록에 남기도록 명하였다. 그리고 무훈을 기리기 위해 능묘, 사당, 비석을 세웠다. 중화민국시대까지도 사회 각계는 '성인', '금강', '의사(義士)' 등의 칭호로 무훈의 인내와 고행, 의학(義學)을 설립한 업적을 칭송하였다.

무훈은 구걸하는 일생과 포부를 위해 굴욕을 참는 고행을 통해 중국인들에게 '의(義)'라는 전통적 가치를 생생하게 보여주었다. '천고의 개' 무훈은 만천하에 알려진 평민 교육가이자 의문천추(義聞千秋), 의행천고(懿行千古)의 제일가는 사람으로 불렸다.

3. 〈무훈전〉 비판

1967년 5월 26일 "영화 〈무훈전〉의 토론을 중시해야 한다"는 사설이 『인민일보』에 실렸다. 이 사설이 게재된 뒤, 무훈의 묘를 파헤쳐 시신을 파내고 조각상과 편액 및 사당을 훼손하였다.

이 사설은 1951년 5월 20일 『인민일보』에 실린 사설을 다시 게재한 것이다. 영화 〈무훈전〉은 쑨위가 감독하고 자오단(趙丹), 황쭝잉(黃宗英), 저우보쉰(周伯勳), 장이(張翼) 등이 출연한 '구걸을 해서 학교를 세운' 무훈의 일대기를 다룬 영화이다.

1950년 12월에 상영을 시작한 이 영화는 전역에서 폭발적인 인기를 끌었다. 이를 관람한 궈모뤄(郭沫若) 등은 "무훈이라는 민중교육의 영웅을 잘 묘사하고 있다"라고 찬사를 아끼지 않았고, 저우언라이(周恩來), 주더(朱德) 등도 긍정적인 반응을 보였다.

하지만 1951년 초에 강청은 영화 〈무훈전〉을 비판하기 시작하였다.

5월 16일 『인민일보』에 중앙선전부 부부장 저우양(周揚)의 영화 〈무훈전〉 비판이 실렸다.

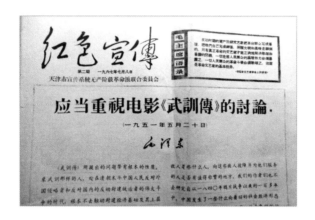

또 동년 5월 20일, 『인민일보』에 마오쩌둥이 직접 수정한 "영화 〈무훈전〉의 토론을 중시해야 한다"라는 사설이 게재되면서부터 영화가 비판을 받았다. 마오쩌둥은 "무훈이 내우외환의 시대에 태어나서 반항 투쟁하러 가지 않고 도리어 비굴하게 남에게 알랑거리며 구걸을 해서 사숙을 운영하였으니, 이런 사람을 찬미할 가치가 없다. 게다가 공산당원들이 명목상 마르크스주의를 배웠다지만 비판능력을 잃어버리고 반동사상에 투항하였다"라고 지적하였다.

사설은 무훈과 영화 〈무훈전〉을 찬미한 43편과 저자 48명의 명단을 공개하며 비판하였다. 그러자 전역에서 잇달아 이 사설을 전재하고 또 많은 비판성 글이 발표되었다. 『인민일보』에 실린 사설은 영화 〈무훈전〉이 부르주아 개량주의의 표본이라고 규정하고 있었다. 걸식을 통해 학교를 세운 것은 봉건지배계층에 허리를 굽히는 투항주의이자 추악한 고행주의이며 따라서 무훈은 '봉건적 문화의 선전자'일 뿐이라는 것이다. 『인민일보』라는 매체의 위상과 그 단정적인 논조는 앞으로 펼쳐질 상황을 예고하는 것이었다.

1951년 7월 23일부터 28일까지 『인민일보』는 4만 5천자 가량의 "무훈 역사 조사기"를 연재하고 무훈의 사적에 대해 전반적으로 부정하였다. 이 보고는 무훈을 대지주, 고리대금업자로 규정하고 있었다. 무훈이 운영한 학교 학생 대부분은 지주, 부농, 상인 계급 출신이고 빈농 출신은 하나도 없었으며 이는 무훈과 무훈학교의 계급적 본질을 적나라하게 보여준다고 하였다. 물론 이 조사는 처음부터 무훈에게 뒤집어씌울 죄목을 찾아내기 위한 계획된 것이었다.

한편 『문예보』에 실린 "교훈이 되기엔 부족한 무훈", "타오싱즈 선생이 표창한 무훈정신에는 적극적인 역할이 없음을 논함" 등의 비판은 무훈이라는 소재가 새로운 공산통치의 대의와 합치하지 않다고 본 것이었다.

1951년 중국공산당은 영화 〈무훈전〉에 대한 비판을 발동해 무훈이 학교를 설립한 것은 사기였다며 무훈을 '불량배, 빚쟁이, 대지주'라고 규정하였다. 중국공산당 매체의 비판으로 무훈은 봉건통치에 무릎 꿇은 아첨꾼으로 전락하였다. 무훈이 계급투쟁을 하지 않고 사회제도에 반대하지 않았을 뿐만 아니라 오히려 "봉건문화를 적극 선전하였다"는 것이다.

4. 〈무훈전〉의 명예 회복

중국 건국 후 최초의 사상비판운동으로 전개돼 지식인들을 탄압하는 계기가 되었던 영화 〈무훈전〉이 34년 만에 "그때의 비판은 착오였다"는 재평가를 받았다. 이러한 재평가는 중국이 개혁개방을 선언한 뒤 지식인 중용정책을 실시하는 시점에 나온 것이어서 더욱 관심을 받았다.

그러나 1985년에 이론가 후차오무(胡喬木)가 중국타오싱즈연구회 (中國陶行知研究會) 성립대회에서 연설을 하면서 〈무훈전〉의 명예를 회복시켰다. 『인민일보』는 "51년, 영화 〈무훈전〉에 대한 비판은 잘못이었다"는 요지의 후차오무의 연설내용을 1면에 크게 보도하였다. 후차오무는 "'당시의 비판은 극히 단편적이고 극단적이며 조잡하고 폭력적인 것'으로 규정한 것은 중공근대사를 뒤집는 새로운 평가로 의미가 크다"라고 하였다.

하지만 공식적으로 정식 복권이 이루어진 것이 아니기 때문에, 이론적으로도 〈무훈전〉은 여전히 '금지영화(禁片)'이다. 영화 〈무훈전〉을 제작한 감독 쑨위는 당국의 재평가에 대해 "실사구시에 입각한 것으로 기쁘다"고 논평하였다.

제4부 철(哲)

중국을 알려면 반드시 공부해야 하는 분야가 몇몇 있다. 분과학문마다 강조하는 분야는 조금씩 다르기는 하지만, 기본적으로는 문학·역사·철학 분야이다. 현대 중국을 알기 위해서는 중국공산당과 중국 정치에 대한 공부가 중요하고, 주요 정치인들의 정치사상에 대한 공부도 중요하다. 이때 현대 중국 지도자들의 정치사상을 접하다보면 중국의 문학과 역사 및 철학이 강조되고 있음을 알게 된다.

중국 철학을 공부하기 위해서 먼저 접해야 할 내용이 춘추전국시대의 제자백가사상이다. 제자백가사상에 관한 책을 읽으면 당시 지식인을 포함한 열린 생각을 가진 사람들이 혼탁한 사회를 바꿀 수 있는 방법을 고민하였음을 알 수 있다. 이들 중에는 부국강병을 위해 고민한 사람도 있고, 공격을 받은 나라를 구하기 위한 방법을 모색한 사람들도 있다. 당시 많은 지식인과 새로운 세계를 바라는 사람들은 당시 위정자의 자세를 바꾸고자 하였고 사회를 바꾸자 하였다. 이러한 내용들은 당시 제자백가 사상과 관련된 역사 서적을 보거나 관련 철학 서적을 읽어보면 알 수 있다.

현대 중국의 후진타오(胡錦濤)나 시진핑(習近平)의 주요 사상 중에는 제자백가 사상가들의 철학이 내포되어 있는 경우가 많다. 위정자가 누구냐에 따라 요구하는 바는 다소 다르지만, 중요한 것은 2000여 년이 지났지만, "사람을 근본으로 삼아야 한다(以人爲本)"는 것은 변하지 않는 사실이다. 오늘날 중국 정부는 애국주의교육을 강화하면서 중국인들에게 애국심 고양을 강조하고 있다. 그런데 고금을 막론하고 사람들에게 애국심 함양을 강조할 것이냐 아니면 저절로 드러나게 할 것이냐는 위정자가 어떻게 하느냐에 따라 달라진다.

중국에서 제작되어진 많은 영화나 드라마 및 애니메이션에서 제자백가 사상가들의 철학을 담고 있는 사례가 최근에 들어와서 많이 증가하고 있다. 여기엔 오늘날 중국 정부가 표출하고 있는 중화민족주의와 밀접한 관련이 있다. 그렇기 때문에 중국에서 제작되어진 여러 콘텐츠를 접할 때, 각 작품들이 무엇을 말하고자 하는지를 염두에 두어야 한다. 이러한 작품들은 대체적으로 주선율 성격을 띤다. 그렇지 않은 작품들을 접할 때는 콘텐츠에 담긴 철학을 한 번쯤 생각해 볼 필요가 있다. 작품을 접하면서 관련된 철학 도서를 읽으면 현대 사회의 여러 문제점을 해결할 수 있는 방안들을 생각할 수도 있다. 물론 주요 사상가들의 내용을 담은 문화콘텐츠들을 재미와 흥미로 감상하기도 해야겠지만, 거기에 담겨 있는 철학과 사회 비판적 시각을 알면 현대 사회를 바라보는 시각도 달라질 수 있다.

중국에서는 제자백가사상가 중 공자, 노자, 손자, 묵자, 귀곡자를 제재로 한 영화나 드라마 등이 제작되고 있다. 그 중 공자와 손자를 제재로 한 영화와 드라마가 많이 제작되고 있지만, 최근에 들어와서 노자와 귀곡자를 제재로 한 드라마가 방영되었다. '노자전설'과 '귀곡자전설'이 중국의 비물질문화유산으로 등록되면서 나타난 현상이다. 앞으로 이들을 제재로 한 작품들이 증가할 것으로 전망된다.

제1장 공자(孔子)에게서 인(仁)을 배우다

1. 공자 관련 영화와 드라마

　1940년에 상영되었던 영화 〈공부자(孔夫子)〉는 영화감독 페이무(費穆, 1906~1951)가 공자(孔子, BC551~BC479)를 재해석하여 만든 작품이다. 상하이 진청(金城)영화관에서 영화 〈공부자〉를 처음 상영한 설명서에는 1940년 12월 19일 야간 공연 9시 15분에 처음 상영한 것으로 되어 있다. 이 영화는 공자를 제재로 한 가장 오래된 작품으로, 공자에 대한 해석 때문에 현재까지도 많은 논의가 되고 있다. 페이무 감독은

"중국의 젊은이들이 고루하고 현학적인 관점으로 공자를 바라보는 보수주의적인 관점을 벗어나 그의 진짜 모습과 메시지를 전달하려 했다"고 말한 바 있다. 페이무 감독은 중국 좌파영화운동의 선구적 인물로 평가받고 있다.

신문화운동 시기와 문화대혁명 시기의 공자는 비판의 대상이었다. 5·4운동시기에는 "타도공가점(打倒孔家店, 공자를 타도하자)"이라 하여 공자를 비판하였다. 그리고 문화대혁명 시기에는 "콩라오얼(孔老二, '공씨 집단 둘째 아들'이란 뜻으로, '최고가 될 수 없다'라는 의미를 지님)"이라 부르며 공자를 폄하하였다. 작가 빠진(巴金)은 1974년 "비림비공(批林批孔)운동" 기간에 "콩라오얼 죄악의 일생(孔老二罪惡的一生)"이라는 글을 발표하기도 하였다.

하지만 오늘날 중국에서의 공자라는 이름은 중국문화를 상징한다. 1980년 이래로 공자에 대한 인식이 변하기 시작하였다. 후진타오와 시진핑 정부에 들어와서는 공자뿐만 아니라 중국 전통사상에 대한 관심이 고조되었다. 2004년부터 중국은 전 세계에 공자학원을 설립하기 시작하였는데, 서울에 공자학원을 최초로 설립하였다. 중국 정부는 공자를 앞세워 중국 문화를 세계에 전파하기 시작하였던 것이다.

그런데 공자는 겉으로 포장된 것일 뿐, 실제로는 현대중국 지도부의 정치 이념과 관련이 있다. 그러다보니, 2020년 전후로 하여 미국과 유럽에서는 공자학원을 비판하고 있다. 그 이유는 공자학원이 중국의 사회주의 사상뿐만 아니라 중국공산당의 주요 사상을 전파하는 기지라고 간주하였기 때문이다. 이러한 시대적 상황 속에서 2021년 5월 21일 서울극장에서 공자학원을 고발하는 다큐멘터리 영화 〈공자라는 미명 하(下)에(원제 In the name of Confucius)〉가 상영되었다.

한편 공자가 재평가 받을 즈음, 공자를 제재로 한 드라마가 제작되

기 시작하였다. 대표적인 작품이 2010
년 〈공자춘추〉(38부작)와 2011년 〈공자〉
(32부작)이다. 영화로는 2010년에 상영
된 〈공자: 춘추전국시대〉가 있는데, 이
영화는 2015년에 재개봉되었다.

공자를 제재로 한 드라마와 영화를
보면, 당시 정치·외교적 상황, 춘추시
대의 문화, 공자의 교육관·사회관·정
치관을 알 수 있다. 드라마와 영화 속에
나온 내용들이 사실인지 아니면 허구

가 가미되었는지를 알아야만 공자와 공자가 살았던 시대를 좀 더 정
확하게 알 수 있다.

총 제작비 350억 원을 들여 제작된 영화 〈공자: 춘추전국시대〉는
2010년에 상영되었으며, 주윤발이 공자로 출연하였다. 영화를 통해
공자가 공직에 있을 때의 활약을 알 수 있고, 춘추시대 당시의 정치
적 사회적 상황을 알 수 있다. 당시 공자는 대사구(大司寇)라는 직위에
있었다. 대사구는 법령·소송 및 국제사무를 담당하던 직위이다. 그리
고 영화에서 전차를 끄는 공자, 활을 쏘는 공자, 관료로서의 공자의
모습을 볼 수 있다. 또 영화를 보면 노나라 삼환(계씨, 숙씨, 맹씨)의
한 명인 계씨의 아버지 장례식 장면에서 순장의 내용이 있는데, 이때
도망간 노예 칠사궁(漆思弓)이 공자에게 도망가서 공자의 제자가 되
는 장면이 나온다.

2. '만세사표'라 불린 공자

공자는 춘추시대 노나라 사람으로 교육자이자 사상가이다. 공자의 이름은 구(丘)이고 자는 중니(仲尼)이다. 공자의 호칭에서 '자'는 존칭이다. 공자는 한나라 이후 지성(至聖)→소왕(素王)→문선왕(文宣王)→대성문선왕(大成文宣王)→대성지성문선왕(大成至聖文宣王)으로 불리면서, 시간이 흐를수록 공자를 지칭하는 호칭이 높아졌다. 청나라 강희 연간에는 "시대를 초월하는 인류의 스승"이란 뜻에서 '만세사표(萬世師表)'라는 공인된 존칭을 얻었다.

공자는 제자백가사상의 하나인 유가의 시조로 본다. 대만에서는 공자탄신일인 9월 28일을 스승의 날로 지정하고 있다. 중국은 현재 양력 9월 10일을 스승의 날로 지정하고 있지만, 많은 사람들이 9월 28일을 스승의 날로 삼자고 주장하고 있다.

공자의 교육관을 알 수 있는 것은 『논어』를 통해서이다. 그리고 『논어』에서 공자의 사회를 보는 눈, 사람을 대하는 자세, 위정자가 갖추어야 할 덕목 등을 알 수 있다.

오늘날 공자에 대한 잘못된 인식이 많이 있다. 많은 사람들은 공자가 허상을 쫓는 사람인 것처럼 여기거나, 식인을 하였다고 잘못 알고 있다. 하지만 공자는 혼탁한 사회를 극복하기 위해서는 위정자가 바뀌어야 한다는 비판적 시각을 가졌다. 또 직분에 맞게 역할을 다해야 한다고 강조하였다. 그리고 공자는 사람을 사랑하는 마음을 가져야 한다고 강조하면서 배움을 강조하였다. 공자는 신분과 나이를 가리지 않고 제자로 받아들였으며, 이들의 됨됨이와 성격에 맞게 교육을 하였던 것으로 보인다. 또 대화를 통해 스스로 깨우치도록 하였던 것으로 보인다. 공자는 국가와 사회를 바꾸기 위해 한평생을 가르치는 일에 전념하였다. 공자는 배우는 것도 중요하게 여겼지만, 생각하는 것을 중요하게 여겼고 배운 것을 실천하는 것을 더욱 중요하게 여겼다.

3. 『논어』의 주요 내용

공자 사상은 『논어』 속에서 알 수 있다. 공자는 지극히 현실주의자였다. 당시 혼란스러웠던 국가와 사회가 왜 그렇게 되었는지를 통찰하면서, 이를 바꾸기 위해 무척 노력한 사람이다. 이는 공자뿐만 아니라 이른바 제자백가라 불리는 사람들은 당시 국가와 사회를 바꾸려고 노력하였다. 다만 당시는 계급사회였기 때문에 많은 지식인들은 위정자가 바뀌어야 혼탁한 사회를 바꿀 수 있다고 여겼다.

사람이 모일 수 있는 곳이면, 사회 현상을 비판하고 위정자를 비판할 수 있었기에, 당시 깨인 지식인들은 혼란한 사회를 바로 잡기 위한 다양한 의견을 나누었다. 다만 이를 대하는 자세가 달랐고, 바꾸어야할 대상이 달랐으며, 이를 실천하는 모습이 달랐을 뿐이다.

공자는 모든 사람들이 자신의 수양에서 인(仁)과 의(義)와 덕(德)을 기를 수 있다고 보았다. 그리고 공자는 배움이란 지식을 얻는 것도 있지만 인격을 도야하고 사람을 사랑하는 마음을 갖기 위함이라고 여겼다. 특히 국가와 사회가 바뀌기 위해서는 위정자가 바뀌어야 한다고 여겼다. 그래서 여러 나라를 다니면서 왕을 만나고 군주를 만나 나라를 다스리는 것을 두고 토론을 하였던 것이다.

공자는 많은 제자를 가르치면서, 이들이 국가와 사회를 변모시킬 수 있는 인재가 되기를 희망하였다. 그래서 제자들 중 자신의 나라로 돌아가 관직에 오르려 할 때면 서슴없이 가도록 하였다. 다만 그들이 자신의 성격이나 성품으로 인해 위정자로부터 잘못될까 봐 걱정하였을 뿐이다.

『논어』는 제자들의 기억에서 공자의 발언과 행적이 간결하면서도 함축성 있게 수록된 것으로, 공자와 제자의 문답이 주로 적혀 있다. 그러다보니 제자들 간의 문답 내용이 누구와 얘기하느냐에 따라 말하는 방법이 다름을 알 수 있다. 이는 공자가 제자들의 성향을 명확하게 파악하고 있었기 때문에 가능한 것이었다. 공자는 제자들의 배우려는 자세, 배움을 받아들이는 속도 등을 염두에 두고 말하였다.

공자는 교육자가 갖추어야 할 덕목을 잘 갖고 있었다고 볼 수 있다. 『논어』 중에 알고 있으면 좋을 만한 글귀 몇 편을 살펴본다.

첫 번째는 『논어』 「옹야(雍也)」편에 나오는 내용으로 "자신의 한계를 넘어서야"라는 내용이다. 내용을 살펴보면 다음과 같다.

염구가 말하기를 "저는 부자(夫子)의 도(道)를 좋아하지 않는 것이 아니나, 힘이 부족합니다"라고 하였다. 이에 공자께서 말씀하시길, "힘이 부족한 자는 중도에 그만두는 것이니, 지금 너는 한계를 긋는 것이다"라고 하였다.

두 번째는 『논어』 「위정(爲政)」편에 나오는 말로 공자가 70세에 이른 자신의 삶에 대해 회고한 내용으로 38자로 표현되었다. 여기에 나오는 나이와 관련된 명칭인 '불혹(不惑)', '지천명(知天命)', '이순(耳順)' 등은 잘 알려져 있다. 내용을 살펴보면 다음과 같다.

공자께서 말씀하시길 "나는 열다섯에 배움에 뜻을 두었고, 서른에 내

뜻을 세웠고, 사십에는 흔들리지 않게 되었고, 오십에는 천명을 알게 되었다. 육십에는 남의 말이 순수하게 들렸고, 칠십이 넘자 마음 가는 데로 따라가도 이치에 어긋나지 않게 되었다"라고 하였다.

세 번째는 『논어』「학이(學而)」편에 나오는 말로 "가난하지만 즐겁다"라는 의미가 담겨 있다. 오늘날 우리 사회가 물질적으로는 풍요로워졌지만, 정신적으로는 그렇지 못한 것 같다. 내용을 살펴보면 다음과 같다.

　자공이 말하길, "가난하면서도 비굴(아첨)하지 않고 부유하면서도 교만(거만)하지 않다면 어떻겠습니까?"라고 하였다.
　공자께서 말씀하시길 "가하다. 그러나 가난하면서도 (도를) 즐거워하고, 부유하면서도 예(禮)를 좋아하는 것만 같지 못하다"라고 하였다.

네 번째는 『논어』「술이(述而)」편에 "가르침을 받으려면 스스로 노력해야 한다"는 내용이 나온다. "스스로 노력하지 않는다면 가르침을 받을 자격이 없다"는 것이다. 내용을 살펴보면 다음과 같다.

　공자께서 말씀하셨다. "마음속으로 통하려고 노력하지 않으면 열어주지 않으며, 애태워하지 않으면 말해 주지 않되, 한 귀퉁이를 들어주었는데, 이것을 가지고 나머지 세 귀퉁이를 들어 반증해 오지 못하면 다시 더 일러주지 않는다."

다섯 번째는 『논어』「헌문(憲問)」편에 "억측하지 말고 맹신하지 말자"는 내용이 나온다. 이 내용은 오늘날 인터넷에 떠도는 사실로 입증

되지 않은 여러 소문을 그대로 믿거나, 내용을 여기저기 옮기는 세태를 돌이켜 보게 한다. 내용을 살펴보면 다음과 같다.

공자께서 말씀하셨다. (순리를) 거슬러 속이지 말고, 억측하지 말고, 맹신하지 말라. 그러면 선각자라 할 수 있고, 현명하다 할 수 있다.

여섯 번째는 『논어』「학이」편에 나오는 말로, "조화로움이 가장 귀하다"는 내용이다. 공자의 제자인 유자(본명은 有若)가 이에 대해 말하였다. 내용을 살펴보면 다음과 같다.

유자가 말하기를 "예를 시행함에 조화로움을 가장 귀히 여긴다. 옛날 제왕의 도에 있어서는 이것을 으뜸으로 아름답게 여겼다. 크고 작은 일이 모두 여기 '예'에서 쫓았다"라고 하였다.

일곱 번째는 『논어』「안연(顔淵)」편에 나오는 말로, "백성이 믿음이 없으면 (나라가) 서지 못한다"는 내용이다. 1992년 8월 24일 한국과 중국은 수교를 맺었고, 이후 한·중 관계 변화는 계속되었다. 2014년 시진핑 중국 국가주석이 한국을 방문하면서 한중관계는 '성숙한 동반자 관계'로 격상되었다. 이때 시진핑은 무신불립(無信不立)을 바탕으로 양국의 신뢰를 강조하였다. 무신불립은 "믿음이 없으면 살아 나갈 수 없다"는 뜻이다. 백성의 믿음을 중요시 여긴 내용을 살펴보면 다음과 같다.

자공이 정사를 여쭈었다.
공자가 말씀하시기를 "먹는 것이 족하고 군사가 족하면 백성이 믿으리라".

자공이 말하길, "반드시 부득이하여 버릴진댄 이 세 가지에 무엇을 먼저 해야 합니까?"

공자가 말씀하시길 "군사를 버리느니라".

자공이 말하길 "반드시 부득이하여 버릴진댄 이 두 가지에 무엇을 먼저 해야 합니까?"

공자가 말씀하시길 "먹을 것을 버리니 예로부터 다 죽음이 있거니와 백성이 믿음이 없으면 (나라가) 서지 못하느니라".

공자의 주요 사상 중에 가장 핵심이 되는 내용은 '인(仁)'이라 할 수 있다. 『논어』 「안연(顔淵)」편에서 제자 안연(안회顔回)이 공자에게 '인'에 대해 물었을 때, 공자는 "자신을 이겨(克己) '예'로 돌아가는(復禮) 것이 '인'을 행하는 것이다. 하루를 자신을 이겨 '예'로 돌아가면 천하가 '인'으로 돌아온다. '인'을 아는 것은 자기에게 있는 것이지, 어찌 남에게서 말미암을 것이냐?"라고 하였다. 여기에서 공자가 말하는 '인'의 시작은 자신에게서 출발한다는 것을 알 수 있다.

공자가 강조한 '인'이란 "어진 마음, 선한 마음, 다른 이를 사랑하는 마음을 갖는 것"이다. 그리고 인간으로서 마땅히 해야 할 일이라면 노력에 비해 결과가 좋지 않을 것을 알면서도 과감하게 실천하는 것이고, 매사에 신중하게 행동하고 자기가 하는 일을 소중히 여기며 사람들에게 성의를 다하는 것이다. 그리고 공자는 사람은 '인'해야 하지만 '인'을 실천하는 준칙으로서 '의(義)'가 있어야 한다고 하였다. 공자 사상에서 '의'는 정당과 합리 그리고 도리(道理)의 의미를 가진다고 볼 수 있다.

4. 세계의 탐독서가 된 『논어』

『논어』와 관련하여, 송(宋)나라의 재상 조보(趙普)는 "반부논어치천
하(半部論語治天下)"라 하여 "『논어』를 반만 알아도 천하를 다스릴 수
있다"고 하였다. 조보는 임종할 무렵 태종(太宗)에게 "신에게 『논어』
1권이 있사온데 그 반으로 폐하(송나라를 세운 태조를 지칭)를 도와 천하
를 도모할 수 있었고 그 반으로 폐하(태종을 지칭)를 도와 천하를 다스
릴 수 있었습니다"라고 하였다.

『논어』는 17세기 이후 서양에도 절대적 영향을 끼쳤다. 프랑스에서
계몽주의의 아버지라 불리는 볼테르(Voltaire, 1694~1778)는 "『논어』야
말로 당대까지의 허황된 형이상학이나 신학에 근거하지 않은 정치철
학서이다"라고 하였다. 그리고 볼테르는 『풍습론』에서 "공자는 지극
히 순수할 뿐 기적을 말하지 않았으며, 공허한 말도 없다"고 하였다.
그리고 "인류의 지혜가 공자보다 위대할 수는 없다"라고 극찬하였다.
볼테르는 공자의 가르침인 유교가 미신적인 요소나 광신적인 요소가
없는 합리적인 종교라고 말하였다. 공자를 높게 평가하였던 볼테르는
공자 초상화를 서재에 걸어놓고 아침저녁으로 절을 올렸다. 볼테르는
84세로 죽는 날 아침에도 공자에게 절을 올렸고 "살아있는 동안 당신
을 알아 삶이 기뻤다"고 유언하였다. 또 1981년에 노벨문학상을 수상
한 영국 작가 엘리아스 카네티(Elias Canetti, 1905~1994)는 "공자의 『논
어』가 가장 오래된 지적이고 영적인 완벽한 개인의 초상"이라고 말하
였다.

미국의 3대 대통령이었으며, 미국의 독립선언문을 기초한 토머스
제퍼슨(Thomas Jefferson, 1743~1826)은 대통령이 되기 전에는 공자학
회 회원이었다. 공자의 개혁사상이라 할 수 있는 평등과 개인권 보장

에 관한 기본이념은 제퍼슨이 독립선언문의 기초를 잡는 데 영향을 끼쳤다.

'일본 경제의 아버지'라 불리는 시부사와 에이치(渋沢栄一, 1840~1931)는 『논어와 주판』이라는 책을 지었다. 그는 『논어』를 일본의 초기 자본주의의 부패와 타락을 막는 성경으로 간주하였고, "개인 윤리와 사회윤리가 조화를 이룬 실용적 경제경영서"라고 평가하였다. 그리고 "『논어』는 고리타분하고 어려운 탁상공론의 고담준론(高談峻論)이 아니라 '서민의 실용서'이자 윤리학과 실학을 통섭한 책"이라고 주장하였다.

삼성 창업주였던 호암 이병철은 평생 가장 감명 깊게 읽은 책으로 『논어』를 꼽았다. 이병철은 자서전에서 "가장 감명을 받은 책을 들라면 서슴지 않고 『논어』라고 말할 수밖에 없다. 내 생각이나 생활이 『논어』의 세계에서 벗어나지 못한다 해도 오히려 만족한다"라고 하였다. 또 이병철은 "자신의 모든 경영 비법은 『논어』로부터 비롯되었다"고 고백하였다.

제2장 노자(老子)에게서 자아를 보다

1. 드라마 〈노자〉

노자의 생애를 조명한 33부작 역사 드라마 〈노자(노자전기, 老子傳奇)〉가 2019년에 한국에서 처음으로 방영되었다. 중국에서의 드라마 명칭은 〈노자전기(老子傳奇)〉이다. 2016년 2월 중국교육방송국 CETV1에서 먼저 방영한 뒤, 동년 9월 10일 헤이룽장 위성방송에서 방영하였다. 감독이자 주인공 노자 역을 맡은 판화(繁華)는 천웨이궈(陳衛國) 감독과 함께 공동 연출을 맡았다. 이 드라

마는 노자의 도덕 사상을 문학작품으로 전환하여 처음 방영된 작품으로 유명하다. CHING채널 관계자는 "노자는 시나리오만 10년을 들어 완성했을 정도로 공을 들였다. 영화를 방불케 하는 스케일로 안방극장에 화려한 볼거리를 선사할 것"이라고 기대감을 높였다.

드라마 〈노자〉에서 노자가 동주 말기 혼탁한 사회에서 일생을 바쳐 배우고, 도를 깨닫고, 얻고, 전파하는 긴 여정을 『도덕경』으로 완성하는 내용을 담았다. 드라마에서 노자가 푸른 소를 타고 가는 장면이 나온다. 이 장면은 유명한 〈노자출관도(老子出關圖)〉로, 노자가 소를 타고 함곡관(函谷關)을 나서는 모습을 표현한 것이다. 또 드라마에서 노자와 공자가 만나는 장면이 나오는데, 이때 노자가 공자보다 연배가 높게 묘사되었다.

2. 도가의 창시자 노자

노자는 춘추시대 초나라 철학자로 전해지고 있다. 성은 이(李), 이름은 이(耳), 시호는 담(聃)이다. 그래서 노담(老聃)이라고도 부른다. 또 백양(伯陽)이라고도 부른다. 노자는 어머니 뱃속에서 81년이나 있다가 태어나서 바로 말하였으며, 머리가 이미 세었다고 한다.

도가(道家)의 창시자로 알려져 있는 노자에 대해 어느 시기의 사람이고, 어느 나라 사람인지에 대해서는 명확하지 않다. 노자의 생몰연대에 대해서 여러 설이 있다. 또 성과 이름에 대한 주장도 한두 가지가 아니다.

공자보다 100년 후의 사람이라는 설이 있는가 하면, 공자가 젊었을 때 그를 찾아 예에 관해 물었다는 설도 전해진다. 그리고 주나라의 쇠퇴를 한탄하며 은퇴를 결심하고 서방으로 은거하던 길에 관문지기를 만났다는 설도 있다. 또 실제의 인물이 아닌 도가학파의 형성 후 그 시조로서 만들어진 허구의 인물이라는 설도 있다.

사마천(司馬遷)의 『사기(史記)』「노자한비열전(老子韓非列傳)」에 의하면, 노자와 『도덕경』에 대한 기록이 나온다. 그 내용을 살펴보면 다음과 같다.

노자는 초(楚)나라 고현(苦縣) 여향(厲鄉) 곡인리(曲仁里) 사람이다. 성(姓)은 이씨(李氏), 이름(名)은 이(耳), 자(字)는 담(聃)이며 주(周)나라 수장실(守藏室)의 사(史)다.

공자가 주나라에 가서 장차 노자에게 예(禮)를 묻고자 했다. 노자가 말하길, "그대의 말하는 바는 그 사람과 뼈가 모두 이미 썩었고 다만 그 말만 있는 것이다. 더구나 군자가 그때를 얻으면 수레를 몰고 거들먹거리나, 그 때를 얻지 못하면 티끌처럼 누추하게 떠돌아다닌다. 내가 이를 듣자니 훌륭한 장사꾼은 깊이 감추어 텅 빈 것 같고 군자가 덕이 성(盛)하면 용모는 마치 어리석은 듯하다. 그대는 교기(驕氣)와 다욕(多欲)을 버리고 태색(態色)과 음지(淫志)를 버려라. 이는 모두 그대의 몸에 이롭지 못하다. 내가 그대에게 고하려는 것은 다만 이와 같을 뿐이다"라고 하였다.

공자가 물러나 제자들에게 "새란 나는 능히 날아다님을 알고 물고기란 나는 능히 헤엄침을 알고 짐승도 나는 능히 달아남을 안다. 달아나면 그물로 잡으면 되고, 헤엄치면 낚시 줄로 낚으면 되고, 날아 도망치면 화살이면 된다. 용에 이르면 내 그 능히 풍운(風雲)을 타고 하늘로 올라가는 것을 알지 못하겠구나. 내가 오늘 노자를 보니 마치 용과 같다고나 할까!"라고 말하였다.

노자는 도(道)와 덕(德)을 닦아 그 학문을 스스로 감추어 이름을 드러내지 않음을 힘썼다. 주나라에 있은 지 오래되어, 주나라가 쇠(衰)함을 보고 이에 떠나갔다. 관(關, 함곡관)에 이르렀을 때, 관의 영윤(令尹) 희(喜)가 기뻐하며 말하길 "그대가 장차 숨으려 하니 내게 서(書)를 지어 주십시오"라고 하였다. 이에 노자가 곧 서 상하편(上下篇)을 지어 도덕의 뜻 오천여 언(五千餘言)을 말하고 가서, 그의 마지막을 알지 못한다.

혹은 말하길, "노래자(老萊子)는 역시 초인(楚人)이라 한다. 저서 열다섯 편은 도의 쓰임을 말한 것으로 공자와 같은 시대의 사람"이라 한다. 대개 노자는 160여 세를 살았다 하고 혹은 200여 세를 살았다고 하니 그도 닦음이 수명을 늘게 한 것이다.

공자가 죽은 후로 129년, 사관의 기록에 따르면 주나라 태사 담(儋)이 진 헌공을 보고 말하길 "처음 진(秦)나라와 주나라가 합쳐졌다. 합한 지 500년 만에 분리되었다. 분리된 지 70년에 패왕(霸王)이 나타날 것이다"라고 하였다. 혹은 말하길 "담(儋)이 곧 노자"라 하였다. 혹은 "아니다"라고 하였다. 세상이 그 진위를 알 수 없다. 노자는 숨은 군자였다.

노자의 아들 이름이 종(宗)이고 종은 위(魏)나라의 장수로 단간(段幹)에 봉(封)해졌다. 종의 아들은 주(注), 주(注)의 아들은 궁(宮), 궁(宮)의 현손(玄孫)은 가(假), 가(假)는 한 효문제(孝文帝)에 벼슬하였다. 가(假)의 아들 해(解)는 교서왕(膠西王) 앙(卬)의 태부(太傅)가 되어 제(齊)에서 살았다.

세상에 노자를 배우면 유학(儒學)을 버리는 것이고, 유학 역시 노자를 버리는 것이다. 공자는 "도를 같이 하지 않으면 함께 도모하지 않는다"라고 한 것은 어찌 이를 말함이 아닌가? 이이(李耳)는 무위자화(無爲自化)하고 청정자정(清靜自正)하려 했다.

사마천은 「노자한비열전」에서 노자로 상정되는 인물이 세 명이 있다고 하였다. 첫 번째 사람은 이이(李耳, 자는 聃(=老聃))로서, 초나라 사람인 이이에게 공자가 예를 배운 사람이며, 도덕의 말 5천여 언(言)을 지은 사람인데, 그의 최후는 알지 못한다고 하였다. 두 번째 사람은 공자와 동 시대의 사람인 노래자(老萊子)로서, 저서는 15편이 있었다고 하였다. 세 번째 사람은 주(周)의 태사담으로, 공자의 사후 129년이 지난 때에 진(秦)의 헌공과 만났다고 하였다.

많은 책에서는 노자가 초나라 사람이라고 적고 있다. 그런데 드라마 〈노자〉를 보면 노자가 진(陳)나라 사람이라는 것을 알 수 있다. 또 2019년에 방영된 드라마 〈풍운전국지열국(風雲戰國之列國)〉 6회를 보면, "노자가 진(陳)나라 사람이다"라고 소개되고 있다. 중국의 인터넷 자료들을 살펴보면, 노자는 진나라 사람인 것으로 나오기도 한다. 사람들은 진나라가 초나라에 망해 속국이 되면서 노자가 진나라 사람이 아닌 초나라 사람으로 기록되어졌다고 여기고 있다.

한편, 당나라 시인 백거이(白居易, 772~846, 자는 樂天)는 「노자를 읽고서(讀老子)」라는 시를 읊었다. 시에는 "노자가 오천 자를 지었다"라는 내용이 나온다. 다음은 「노자를 읽고서」라는 시의 내용이다.

言者不知知者默 말하는 자는 알지 못하고 아는 자는 입을 다문다.
此語吾聞於老君 이 말을 나는 노군(노자)에게서 들었는데,
若道老君是知者 만약 노군이 아는 자라 한다면,
緣何自著五千文 무슨 연유로 스스로 오천 자를 지었는가

아직까지 노자가 누구인지는 명확하게 알지 못한다. 보통은 '노자는 은군자(隱君子)'이고, 세상에서 말하는 노자는 은자라는 것이다. 다만 최근 중국에서 제작된 드라마를 보면 노자가 공자보다 나이가 많은 사람으로 묘사되어 있다. 중국에서는 2014년에 「노자전설」을 비물

질문화유산으로 등록하였는데, 이 내용을 토대로 하여 드라마나 영화 등이 많이 제작될 것으로 보인다.

3. 『도덕경』

노자는 주나라에서 오래 거주하다 주나라가 쇠퇴해지는 것을 보고는 마침내 그곳을 떠났다. 관문에 이르자 관령(關令) 윤희(尹喜)가 "선생께서 앞으로 은거하시려 하니 귀찮으시더라도 저를 위해 저서를 남겨주십시오"라고 말했다. 이에 노자는 상·하 편의 저서를 지어 도덕 (道德)의 의미를 5,000여 자로 서술하고 떠나버리니, 그 후로 아무도 그의 최후를 알지 못하였다. 이때 노자가 윤희에게 써 준 상·하 2편의 책을 『노자(老子)』라고 하고, 『도덕경』이라고도 부른다.

1973년 11월부터 1974년 초까지 후난성 마왕퇴(馬王堆)에서 한묘(漢墓)를 발굴하였는데, 3호 분묘에서 대량의 백서(帛書)가 나왔다. 백서라는 것은 비단에 먹과 붓으로 쓴 책을 말한다.

백서 중에 오늘날의 『노자』와 내용이 거의 비슷한 『노자』 백서가 2종이 나왔다. 소전(小篆)체로 쓰인 한 종을 갑본(甲本)이라 하고, 예서 (隸書)체로 쓰인 한 종을 을본(乙本)이라 일컫는다. 갑본과 을본 모두 오늘날의 『도덕경』이 아닌 『덕도경(德道經)』의 체제로 되어 있는데, 내용은 오늘날 우리가 알고 있는 『도덕경』과 큰 차이가 없다. 약 80% 이상이 일치하였다.

3호 분묘의 연대를 대략적으로 BC 168년으로 보는데, 그 이유가 발견된 『노자』 비단책이 분묘의 주인공인 대후 리창(軑侯 利蒼)의 아들이 생전에 보았던 초본(抄本)이라고 여겼기 때문이다. 한(漢)나라 혜제

(惠帝) 2년 4월(BC193)에 장사국(長沙國) 승상 리창(利蒼)을 대후(軑侯)로 봉하였다. 대후국은 후베이성 치슈이(蘄水)현 서쪽 40리에 있었다.

1993년 10월, 후난성 징먼(荊門)시 샤양(沙洋)구 쓰팡(四方)향 꿔뎬(郭店)촌에서 전국시대의 분묘가 발굴되었다. 이곳에서 804개의 죽간(竹簡, 문자가 새겨진 대나무 쪽)이 발견되었고, 죽간에는 1만 3천여 글자가 쓰여 있었다. 부장품 중에 '동궁지사(東宮之師)'라는 명문(銘文)이 새겨져 있는 잔이 발견되었다. 그래서 분묘의 주인공은 태자(太子)의 스승이었을 것으로 추정되는데, 맹자와 동 시대이거나, 맹자보다 약간 나이가 많은 초나라 사상가 진량(陳良)의 묘로 비정(比定)하기도 하였다.

죽간에 적힌 대부분의 내용은 유가의 내용이었지만, 일부는 도가 내용으로서, 『노자』 3편과 『태일생수(太一生水)』 1편이 있었다. 마왕퇴에서 발견된 백서보다 2세기 정도 빠른 것으로 추정한다.

4. 『도덕경』의 주요 내용

『도덕경』은 도가사상의 효시로 일컬어진다. '도(道)'자로 시작되는 『도경』과 '덕(德)'자로 시작하는 『덕경』의 2권으로 구성되어 있다. 81편의 짧은 글 속에 진정한 자기를 완성하는 도와 진리의 길을 담고 있다.

『도덕경』에는 지도자가 지켜야 할 도리, 삶을 살아감에 있어서 개인의 자아성찰 등에 관한 내용이 담겨 있다. 『도덕경』 제17장에 다음과 같은 내용이 나온다. 이 내용은 오늘날 국가나 기업 및 어떤 모임을 이끄는 사람에게 던져주는 메시지라고 할 수 있다.

가장 훌륭한 통치자는 백성들이 그의 존재를 알지 못하는 것이다. 그 다음은 백성들이 그를 가까이하고 칭송하는 것이다. 그 다음은 백성들이 그를 두려워하는 것이다. 그 다음은 백성들이 그를 업신여기는 것이다. 통치자에게 신의가 모자라면 백성들은 그를 믿지 않는다. 말을 삼가고 아끼며 할 일을 다 해 일이 잘 이루어지면 백성들은 모두 저절로 된 것이라고 말한다.

『도덕경』 22장 뒷부분에 "고지소위곡즉전자(古之所謂曲則全者)"라는 말이 나온다. 이 말은 "굽혀지면 온전하게 보존된다"라는 의미로, 우리나라 속담에 "굽은 나무가 선산을 지킨다"라는 말을 떠오르게 한다.

굽히는 것이 곧 온전하게 보존하는 것이오. 구부러진 것은 곧 곧게 펴지게 되고, 움푹 파인 곳은 곧 채워지게 되며, 낡은 것은 곧 새로워진다. 적으면 곧 더 얻게 되고, 많으면 오히려 미혹되는 것이다. 그러므로 성인은 하나만을 품어 천하의 표준으로 삼는다. 도는 스스로 드러내지 않기에 오히려 더욱 밝고, 스스로 옳다고 내세우지 않기에 오히려 돋보이고, 스스로 과시하지 않기에 오히려 더욱 공(功)이 드러나게 되며. 스스로 뽐내지 않기에 오래 지속될 수 있다. 무릇 다툼이 없기에, 천하의 어떤 것도 그에 맞서지 못한다. 옛부터 "굽혀지면 온전하게 보존된다"고 한 것이 어찌 빈말이겠는가? 성심으로 온전해지면 도(道)로 돌아간다.

『도덕경』 29장에 "위자패지 집자실지(爲者敗之 執者失之)"라는 말이 있다. "하고자 하면 실패하고, 잡고자 하면 잃는다"라는 의미이다. 고집을 버리고 자연에 맡겨야 한다는 것으로 '무위(無爲)'를 말한다. 무위는 인위적이지 않다는 의미이다.

천하를 취하고자 하지만 나는 그 얻지 못함을 볼 뿐이다. 천하란 신령스러운 그릇이다. 함부로 취할 수가 없다. 하고자 하면 실패하고, 잡고자 하면 잃는다. 그러므로 사물은 앞서기도 하고 뒤따라가는 것이기도 하다. 혹은 숨을 내쉬기도 하고 들여 마시기도 한다. 혹은 강한 것이 있으면 여린 것도 있다. 혹은 솟아나는 것이 있으면 무너지는 것이 있다. 그러하므로 성인은 지나친 것을 버리고 사치한 것을 버리고 과분한 것을 버린다. 극심한 것을 버리고 사치한 것을 버리고 과분한 것을 버린다.

『도덕경』 44장에 "지족불욕, 지지불태, 가이장구(知足不辱, 知止不殆, 可以長久)"라는 말이 있다. 그 의미는 "만족할 줄 알면 욕됨이 없고, 그칠 줄 알면 위태롭지 않다. 그러면 가히 오래 갈 것이다"이다. '입계(立戒, 경계를 세우는 것이다)'에 해당되는 내용이다.

이름과 몸 중 어느 것을 더 친애해야 할 것인가? 몸과 재물 중 어느 것이 더 비중이 큰가? 얻는 것과 잃는 것 중 어느 것이 더 병들게 하는가? 그러므로 지나치게 좋아하면 반드시 크게 낭비하게 되고, 너무 많이 감추어 두면 반드시 크게 잃게 된다. 만족할 줄 알면 욕됨이 없고, 그칠 줄 알면 위태롭지 않다. 그러면 가히 오래 갈 것이다.

『도덕경』 56장에 나오는 "지자불언 언자부지(知者不言 言者不知)"라는 말은 "참으로 아는 자는 말을 하지 아니하고, 말이 많은 자는 참으로 알지 못하는 것이다"라는 의미이다. 우리나라 속담에 '빈 수레가 요란하다'라는 말을 떠올리게 한다.

아는 사람은 말하지 않고, 말하는 사람은 알지 못한다. 입(구멍)을 막고

문을 닫으며, 날카로움을 꺾고 얽힌 것을 풀어주며, 그 광채를 부드럽게 하고 티끌과 함께 있을 수 있다면, 이것을 오묘함과 하나 됨이라 말한다. 그러므로 가까이 하지도 않고 멀리하지도 않으며, 이롭게 하지도 않고, 해롭게 하지도 않고, 귀하게 여기지도 않고, 천하게 여기지도 않는다. 그러므로 천하가 귀하게 여기게 된다.

『도덕경』 60장에 "치대국약팽소선(治大國若烹小鮮)"이라는 말이 있다. 그 의미는 "큰 나라를 다스릴 때는 작은 생선을 굽듯이 한다"이다. 이 내용은 오늘날 리더십 강의를 할 때 자주 언급되는 말이다. 그래서 '생선구이 리더십'이라고 표현한다.

큰 나라를 다스리려면 작은 생선을 굽듯이 해야 한다. 도로써 천하를 다스리면, 귀신도 어떻게 하지 못한다. 귀신이 신령한 힘이 없기 때문이 아니라, 신령한 힘으로 사람을 해칠 수가 없는 것이다. 귀신이 신령한 힘으로 사람을 해치지 않으니, 성인도 역시 사람을 해치지 않는다. 무릇 양쪽이 서로에게 해를 끼치지 않으므로, 그 덕이 서로에게 돌아간다.

『도덕경』 63장에 "천하난사, 필작어역; 천하대사, 필작어세(天下難事, 必作於易; 天下大事, 必作於細)"라는 말이 있다. 이는 "천하의 어려운 일은 반드시 쉬운 데서 일어나고, 천하의 큰일은 반드시 미세한 데서 시작된다"는 뜻이다. 노자는 무리한 수법이나 편법을 동원하지 않고 순리에 맞춰 자연스럽게 일을 계획해야 한다고 말한다.

무위(無爲)로 도모하고 무사(無事)로 실행하며, 무미(無味)로 맛을 본다. 큰 것은 작은 것이고, 많은 것은 적은 것이다. 덕으로 원한을 갚고,

어려운 일은 쉬울 때 도모하며, 큰일은 작을 때 시작한다. 천하의 어려운 일은 반드시 쉬운 데서부터 일어나고, 천하의 큰일은 반드시 미세한 데서 시작된다. 그러므로 성인은 절대 큰 것을 하려고 하지 않는다. 그래서 큰 것을 이룰 수 있는 것이다. 무릇 가볍게 승낙하는 것은 반드시 믿음성이 적고, 쉬운 것이 많으면 반드시 어려운 것이 많아진다. 그러므로 성인도 그 쉬운 일을 오히려 어렵게 여기고, 그래서 성인은 어려운 것이 없는 것이다.

『도덕경』 64장에 "합포지목 생어호말(合抱之木 生於毫末), 천리지행 시어족하(千里之行, 始於足下)"라는 말이 있다. 그 의미는 "아름드리 나무도 털끝 같은 작은 싹에서 생겨나고, 천리의 먼 길도 발밑에서 시작한다"라는 의미이다. 우리나라에 "천리 길도 한 걸음부터"라는 속담과 같은 의미로, 아무리 크고 어려운 일도 차근차근 단계를 밟아 추진하라는 뜻이다.

편안할 때 유지하기가 쉽고, 조짐이 나타나기 전에 도모하기가 쉽다. 약한 것은 깨트리기 쉽고, 미세한 것은 흩어버리기 쉽다. 문제가 나타나기 전에 대책을 세우고, 어지럽게 되기 전에 다스려야 한다. 아름드리 나무도 작은 싹에서 나오고, 구층의 높은 누대도 흙을 다진 위에 세운 것이며, 천리 길도 발밑에서 시작한 것이다.

억지로 하면 실패하고, 억지로 잡으면 잃어버린다. 그러므로 성인은 억지로 하지 않기에 실패하지 않고, 억지로 잡으려 하지 않기 때문에 잃는 것이 없다. 백성들이 일을 할 때는 항상 거의 완성하게 될 즈음에 실패한다. 처음처럼 끝까지 신중하면 실패하는 일이 없을 것이다. 그러므로 성인은 세상 사람들이 욕심내지 않는 것을 하고자 한다. 얻기 어려운 재물을 귀하게 여기지 않으며, 세상 사람들이 배우지 않는 것을 배운다. 그래서 여러 사람들이 간과하기 쉬운 것으로 돌아가서, 만물이 자연스럽게 생성되도록 도와줄 뿐이다. 감히 억지로 하지 않는다.

『도덕경』 66장에서는 "욕선민 필이신후지(欲先民 必以身後之)"라는 말이 있다. "백성들을 앞서고자 하면 반드시 몸을 그 뒤에 두어야 한다"라는 의미이다. 이는 '겸양지덕'의 중요성을 말하고 있다. 여기서 나오는 '강과 바다'는 가장 낮은 곳에 처하는 '겸양지덕'의 은유적 표현이라 할 수 있다.

강과 바다가 모든 골짜기의 왕이 될 수 있는 까닭은 강과 바다가 아래에 있기 때문이다. 그러므로 모든 골짜기의 왕이 되는 것이다. 그런 까닭에 백성 위에 있기를 바란다면 반드시 말로써 백성의 아래에 있어야 한다. 백성의 앞에 서기를 바란다면 반드시 몸을 백성의 뒤에 두어야 한다.
그러므로 성인은 위에 있어도 백성들이 그를 무겁게 여기지 않고, 앞에 있어도 백성들이 그를 해롭게 여기지 않는다. 그래서 천하가 그를 기쁘게 추대하면서 싫어하지 않는다. 다투지 않기에 천하의 누구도 그와 다툴 수가 없다.

『도덕경』 67장의 내용은 죽간본(竹簡本)에 나타나지 않고, 백서본(帛書本)과 왕필본(王弼本)에 나타난다. 이에 대해 노자의 도와 덕을 일반인들이 알아들을 수 있는 진술로 간략하게 정리하기 위해 후대에 첨가된 것으로 평가하고 있다.
이 장은 크게 두 부분으로 나누어 해석할 수 있는데, 첫째는 노자의 도(道)와 세간의 도를 큼(大)과 미세함(細)으로 잘 드러내고 있고, 둘째는 노자의 도를 실천적인 의미에서 삼보(三寶)로 구체화시키고 있다. 이 삼보는 노자의 사상을 대표하는 내용으로서, 삶의 본보기를 제시하였다고 볼 수 있다. 내용을 살펴보면 다음과 같다.

천하가 모두 말하기를 나의 도는 크기는 하지만 본받을 만하지는 않다고 한다. 무릇 오직 크기만 해서, 본받을 만하지 못하다는 것이다. 만약 오래전부터 본받을 만했다면, 이미 하찮은 것이 되었을 것이다.

나에게도 세 가지 보물이 있어 이를 간직하고 보존한다. 첫째는 자애이고 둘째는 검소이고 셋째는 천하에 앞서려 하지 않는 것이다. 자애롭기 때문에 용감할 수 있고, 검소하기 때문에 널리 베풀 수 있고, 천하에 앞서려 하지 않기 때문에 능히 사물을 만들고 키울 수 있다.

요즘 사람들이 자애를 버리고 용감하기만 하려고, 검소함을 버리고 다만 베풀기만 하고, 뒤로 물러나지 않으면서 다만 앞에 서려고 하는데, 이미 죽은 것이다. 무릇 자애심을 지닌 채 싸우면 이길 수 있고, 자애로 지키면 견고해진다. 하늘이 장차 사람들을 구하고자 하면, 자애심으로서 호위한다.

『도덕경』 76장에 "병강즉불승 목강즉절(兵强則不勝 木强則折)"이라는 말이 있다. 이는 "군대가 강하면 이기지 못하고 나무가 강하면 꺾이고 만다"라는 의미이다. 노자는 부드러움을 진정한 강함이라고 말하고 있다. 그리고 살아있는 것은 부드럽고, 생명보다 강한 것은 없기에 부드러움이 강함의 증거라고 말한다.

사람이 살아있을 때는 부드럽고 약하지만, 죽을 때는 단단하고 강하다. 모든 풀과 나무가 살아있을 때는 부드럽고 연하지만, 죽으면 마르고 딱딱

하다. 그러므로 단단하고 강한 것은 죽음의 무리이고, 부드럽고 약한 것은 생명의 무리이다. 그래서 군대가 강하면 이기지 못하고, 나무가 강하면 부러진다. 강하고 큰 것은 아래에 놓이고, 부드럽고 약한 것이 위에 놓이게 된다.

『도덕경』 80장에 나오는 "소국과민(小國寡民)"은 "영토가 작고 인구가 적은 나라"를 의미한다. 이는 노자가 말한 '무위지치(無爲之治)'를 말하는 것으로, 노자가 말한 가장 이상적인 나라 형태이다. 즉 갑옷과 무기도 쓸 데가 없는 작은 나라에 적은 백성들이 스스로의 삶에 만족하며 사는 이상적인 나라를 말한다.

나라는 작고 백성들은 적어서 수많은 기계가 있더라도 사용하는 일이 없고, 백성들이 죽음을 중히 여기고 멀리 이사 가지 않는다.

비록 배와 수레가 있어도 타는 일이 없고, 비록 갑옷과 무기가 있어도 그것을 지니고 나갈 일이 없다. 사람들이 다시 줄을 묶어 사용하도록 해야 하고, 음식을 맛있게 먹고, 의복을 아름답게 여기고, 거처를 편안하게 여기고, 풍속을 즐기도록 해야 한다. 이웃 나라가 서로 바라보고, 닭 우는 소리와 개 짖는 소리가 서로 들리지만, 백성들이 늙어 죽음에 이를 때까지 서로 왕래하는 일이 없다.

5. 노자의 리더십

오늘날 노자의 리더십을 강의할 때, '조용한 리더십'과 '생선구이 리더십'을 자주 언급한다. 노자는 굳고 강한 리더십보다는 유연한 리더십을 내세운다. 이와 관련된 내용을 『도덕경』에 나오는 글귀에서 살펴보면 다음과 같다.

먼저 『도덕경』 5장에 "다언삭궁(多言數窮)"이라는 말이 있다. 이는 "말이 많으면 처지가 궁색해진다"라는 의미이다.

하늘과 땅은 무심하다. 만물을 짚으로 만든 개로 여긴다. 성인도 무심하다. 백성을 짚으로 만든 개로 여긴다. 하늘과 땅 사이는 마치 풀무와 같다. 비어 있으나 다함이 없고 움직일수록 더욱더 많은 것을 생성시킨다. 말이 많으면 처지가 궁색해진다. 마음속에 담고 있는 것만 못하다.

『도덕경』 37장에 "불욕이정 천하장자정(不欲以靜 天下將自定)"이라는 말이 있다. 이는 "욕심이 없으면 고요하게 되고 천하는 저절로 제 자리를 잡는다"라는 의미이다. 일이 잘 이루어지면 사람들이 "내가 저절로 다 이루었다"라고 말한다. 그리고 훌륭한 지도자는 말을 아낀다는 것이다. 주요 내용을 살펴보면 다음과 같다.

도는 언제나 무위(無爲)하지만 하지 못하는 것이 없다. 제후나 왕이 능히 이를 지키면 만물이 장차 저절로 이루어진다. 인위적으로 무엇인가를 도모하려는 욕심이 생기면, 나는 이름 없는 통나무로 이를 진압한다. 이름 없는 통나무로 무릇 욕심을 없애니, 욕심이 없으면 고요하게 되고 천하는 저절로 제 자리를 잡는다.

한편 앞에서 이미 언급하였던 『도덕경』 60장에 나오는 "치대국 약팽소선(治大國 若烹小鮮)"은 "지도자는 작은 생선을 굽듯이 나라를 다스려야 한다"는 의미이다. 이는 작은 생선을 구우려면 타지 않고 적당하게 익게 하려면 불 조절을 잘해야 한다는 것이다. 즉 약한 불로 작은 생선을 조심스럽게 구우면 타지 않듯이, 나라를 다스리는 것도 아랫사람이 충분히 일을 할 수 있는 분위기를 만들어주어야 한다는 것을 의미한다.

제3장 손자(孫子)를 통해 처세술을 배우다

1. 손자를 제재로 한 영화와 드라마

손자를 제재로 하여 만든 드라마로는 〈손자대전(孫子大傳)〉(35집),
〈손자병법(孫子兵法)〉(41집), 〈와신상담(臥薪嘗膽)〉(41집) 등이 있다.

먼저 〈손자대전〉은 『손자병법』의 저자인 '손무(孫武)'의 일대기를 그린 드라마이다. 중화TV가 개국 7주년을 맞아 2011년에 방영하였다. 드라마에서 춘추시대(기원전 6세기경)의 오(吳)·월(越)·초(楚) 삼국의 흥망성쇠를 다루었다. 중화TV는 "전쟁을 다루는 드라마인 만큼 스펙터클한 전쟁 장면이 압권"이라며 "드라마 속에서 소개되는 전쟁의 다양한 전략이 일상생활의 처세술에도 많은 도움이 될 것"이라고 소개하였다.

마지막 장면에 공자·노자·손자가 태항산에서 만나는 장면이 나온다. 황하가 흘러가는 장면도 보여준다. 중국이 강조하는 중화민족의 위대한 부흥이라는 슬로건을 상징하는 것으로 해석하기도 한다.

〈손자대전〉을 보면 손자의 『손자병법』 13편을 주변국 제후들 대부분이 알고 있었다는 것을 알 수 있다. 손무가 궁녀를 훈련시키는 장면은 유명한 내용이다. 드라마에 합려(闔閭), 계찰(季札), 부차(夫差), 구천(句踐), 오자서(伍子胥), 초왕 등의 역사 인물이 등장한다. 드라마를 통해 당시 장쑤성(오나라)과 저장성(월나라) 일대의 역사를 알 수 있고, 초나라가 위치하였던 장강 일대의 역사를 알 수 있다. 그리고 와신상담(臥薪嘗膽, 섶에 눕고 쓸개를 맛본다)의 유래를 알 수 있다. 오왕 합려, 월왕 구천은 춘추오패에 포함되기도 한다. 중국 역사에서 특정 지역의 역사일 수도 있지만, 당시 춘추시대의 역사를 알 수 있다.

두 번째는 〈손자병법〉(41집)이다. 드라마의 원래 이름은 〈병성(兵聖)〉으로 2009년에 방영되었다.

BC 560년경의 제 나라는 전씨(田氏), 국씨(國氏), 고씨(高氏), 포씨(鮑氏) 4대 가문이 이끌어 가고 있었다. 이들은 서로 권력을 사이에 두고 암투를 벌이고 있었다. 전씨 가문의 전서 대장군의 손자이자 주인공인 손무와 국씨(國氏) 가문의 무구(無咎)는 앙숙인 관계이고 무구의 동생인 막리(莫離)는 손무를 짝사랑하고 있으며 손무와 무구는 오자 서와 막역지교(莫逆之交)가 된다. 사대 가문인 국씨·고씨 두 집안과 손씨·전씨 두 집안의 원한은 오래된 일이다. 재상 안영(晏嬰)의 농간 으로 서로 적대감이 깊어가다가 고씨와 국씨 두 집안은 멸문지화를 당한다.

무구는 천재로 일컬어질 정도의 재능을 지녔으나 병법에 통달한 손무에게 여러 차례 좌절을 맞게 된다. 손무를 사랑하던 고씨 가문의 딸 자소(紫苏)는 가문의 원한과 동정심으로 무구에게 시집을 간다. 하 지만 무구는 멸문당한 가문의 복수를 위해 정나라와 초나라에 투신하 였지만, 뜻을 이루지 못하고 자결한다.

손무는 궁녀인 적천(翟芉)과 혼인을 하고, 합려와 부차에 이르는 오 나라 왕을 도와 패업을 완성시킨다. 손무는 평생의 용병술에 대한 이해와 군사에 관한 지식을 책으로 엮어 『손자병법』을 완성한다.

세 번째는 〈와신상담〉(41집)이다. 2007년에 방영된 〈와신상담〉은 서울드라마어워즈에서 장편드라마부문 최우수 작품상과 촬영 감독 상을 수상하였다. 당시 영화보다 큰 초대형 스케일과 리얼한 전쟁신 을 화려한 HD영상미로 완벽하게 재현해 내었다는 호평을 받았다.

〈와신상담〉은 원수를 갚기 위해 자신을 괴롭히면서 어려움을 참고 견디는 것을 비유한 말이다. 이 드라마는 오나라와 월나라의 패권 쟁패를 두고 벌어지는 과정에서 두 나라의 왕들이 벌이는 복수심을 소재로 하였다. 장작 위에 눕는 '와신'은 오나라의 부차가, 쓸개를 맛 보는 '상담'은 월왕 구천이 원수를 갚기 위해 인내심을 키우는 방식으 로 '와신상담'을 만들어냈다.

2. '병성'이라 불리는 손자

손자(孫子)는 경칭으로, 손무(孫武, BC544?~BC496?)를 일컫는다. 손무의 자는 장경(長卿)이다. 손무는 "병법이란 속이는 이치이며, 전쟁에서는 모략으로 공격하는 모공(謀攻)이 중요하고, 성벽을 공격하는 공성(攻城)은 최하위다"라고 하였다.

조조(曹操)의 『손자병법』 주석본이 나오면서 손자의 병법은 수많은 이론에 인용되었고 실전에 응용되면서 험난한 시대를 살아가는 삶의 경영철학으로 자리매김하게 되었다.

사마천의 『손자오기열전』에 의하면 손무는 제나라 사람이다. 오왕 합려(闔廬)에게 병법을 보여주었다고 기록되어 있다. 이 내용은 일반적으로 잘 알려져 있다. 그 내용을 살펴보면 다음과 같다.

합려가 "그대의 13편은 나도 보았소, 가능하다면 실제로 군사를 지휘에 볼 수 있겠소?"라고 말하였다.

이에 손무는 "가능합니다"라고 하였다.

합려는 "여인도 가능하오?"라고 하니, 손무가 "가능합니다"라고 하였다. 궁녀 180명을 손무에게 내주며 지휘를 해 보라고 하였다. 손자는 이를 2대로 나누었고, 왕이 총애하는 후궁 두 명을 대장으로 삼았으며, 모두에게 창을 들게 하고는 명령하였다.

손자가 "너희들은 자신의 가슴, 좌우의 손과 등을 알고 있는가?"라고 하였다. 여인들은 "알고 있습니다"라고 하였다.

손자가 말하기를 "앞으로! 하면 가슴 쪽을 바라보고, 좌로! 하면 왼손 쪽을 바라보며, 우로! 하면 오른손 쪽을 바라보고, 뒤로! 하면 등 뒤쪽을 보도록 하라"라고 하였다. 여인들은 "알겠습니다"라고 하였다.

약속이 성립되자 손자는 부월을 들고 명령을 세 번 되풀이하고 다섯 번 설명하였다. 그리고 북을 치며 명령하였으나 여인들은 크게 웃었다.

손자는 다시 말하기를 "약속이 분명치 않고 명령이 철저하지 않는 것은 장군의 죄이다"라고 하였다. 다시 명령을 세 번 되풀이하고 다섯 번 설명하고 나서 북을 치며 '좌로'라고 하였으나 여인들은 다시 크게 웃기만 하였다. 손자는 말하기를 "약속이 분명치 않고 명령이 철저하지 않는 것은 장군의 죄이다. 그러나 이미 약속이 분명한데도 법을 따르지 않는 것은 이사(吏士, 사졸)의 죄이다"라고 하였다. 이때 손무는 좌우 대장을 참하려 하였다. 오왕이 장대 위에서 구경하다가, 또 애희가 목이 베어지려는 것을 보고는 크게 놀랐다. 사자를 보내어 명령하여 말하기를 "과인은 이미 장군의 용병하는 것이 뛰어나다는 것을 이미 잘 알고 있다. 과인은 이 두 후궁이 없으면 밥을 먹어도 단맛을 모르니 부디 참하지 마시오"라고 하였다.

손자가 말하길, "신은 이미 명령을 받아서 장군이 되었으니, 장군은 군에서 군주의 명령이라 하더라도 들을 수 없는 것이 있습니다"라고 하였다. 곧 대장 두 명을 참하였다. 그 다음 차례의 여인을 대장을 삼고, 다시 북을 쳤다. 여인들은 좌우전후로 절도 있게 움직이고, 구부리거나 일어서는 움직임이 규칙에 맞아서는 누구도 감히 소리를 내지 못하였다. 마침내 손자는 사자를 보내어 왕에게 보고하여 말하기를 "군대의 정비는 완료되었습니다. 이에 왕께서 친히 열병을 해 보십시오. 왕께서 군사를 원하는 데로 할 수 있습니다. 비록 물이나 불이라도 뛰어들 것입니다"라고 하였다.

오왕은 말하기를 "장군은 휴식을 위해 숙사에 가 있도록 하시오. 과인은 지금 열병을 원하지 않소"라고 하였다.

손자가 말하기를 "왕께서는 병법에 대해 말하는 것을 좋아하시지, 병법을 실지로 응용하지는 못하는 것 같습니다"라고 하였다. 그래서 협려는 손자가 능히 병을 운용할 수 있음을 알게 되었다.

3. 『손자병법』

춘추시대 손무가 쓴 『손자병법』은 『손자(孫子)』・『오손자병법(吳孫子兵法)』・『손무병법(孫武兵法)』 등으로도 불린다. 『한서』 「예문지」에는 82편, 도록 9권이라고 기록되어 있으나, 지금 남아 있는 『송본(宋本)』에는 "계(計)・작전(作戰)・모공(謨攻)・형(形)・세(勢)・허실(虛實)・군쟁(軍爭)・구변(九變)・행군(行軍)・지형(地形)・구지(九地)・화공(火攻)・용간(用間)" 등의 13편만이 전해진다.

현재까지 전해지는 『손자병법』은 조조가 원본을 요약하고 해석을 붙인 『위무주손자(魏武註孫子)』 13편이다.

『손자병법』 13편의 내용은 다음과 같다.

「시계(始計)」편은 전쟁 준비 과정과 승산 파악 및 기본계획 수립에 관한 내용이다. 전쟁을 하기 위한 다섯 가지 요소로, "도(道), 천(天), 지(地), 장(將), 법(法)"을 말하고 있다. 「작전(作戰)」편은 전쟁의 경제성 즉 효율적인 전쟁에 관한 내용이다. 손무는 전쟁이란 미흡하지만 빨리 끝내야 한다고 말하였고, 식량은 적에게서 취해야 한다고 말하였다. 또 전쟁을 잘 아는 장수는 백성들의 생명을 맡은 자이고, 국가안위를 좌우하는 사람이라고 하였다.

「모공(謀攻)」편은 손실을 최소화하여 승리를 하는 것에 관한 내용이다. 주요 내용으로 "백 번 싸워 백 번 이기는 것이 가장 좋은 것은 아니다. 싸우지 않고도 적을 굴복시키는 것이 가장 좋은 방법이다"라고 하였다. 또 "승리를 아는 다섯 가지가 있다. 싸울 수 있는 적인지 아닌지 잘 알면 이길 수 있다. 병력의 집중과 절약을 잘 쓰면 이길 수 있고, 상하가 하고자 함이 같으면 이길 수 있고, 대비함으로써 대비하지 않은 적을 상대하면 이길 수 있고, 장수가 능하고 군주가 간섭하지 않으면 이길 수 있다"라고 하였다. 가장 널리 알려진 내용은 "지피지기 백전불태(知彼知己 百戰不殆)"이다. 즉, "적과 나를 알면 백 번 싸워도 위태롭지 않다"라는 내용이다. "적은 모르고 나만 알면 승리의 확률은 반이고, 적도 모르고 나도 모르면 매번 싸울 때마다 위태하다"라고 하였다.

「군형(軍形)」편은 군의 형세 즉 승리할 수 있는 태세에 관한 내용이다. 주요 내용으로 "먼저 적이 이길 수 없도록 해 놓고 적에게 이길 수 있는 기회를 기다린다. 적이 나를 이길 수 없도록 하는 것은 나에게 달려 있고, 내가 적을 이길 수 있는 것은 적에게 달려 있다"라고 하였다.

「병세(兵勢)」편은 형세와 기세의 활용이다. 주요 내용으로 "잘 싸우는 자는 부대 전체의 세를 구하되, 개인에게 구하지 않는다. 그러므로 적재적소에 배치하여 세를 맡긴다"라고 하였다.

「허실(虛實)」편은 주도권과 집중 그리고 적의 약점 공략에 관한 내용이다. 주요 내용으로 "월나라 병력이 비록 많을지라도 역시 어찌 승패에 도움이 되리오. 그러므로 승리는 내가 만들 수 있는 것이다. 비록 적이 많을지라도 가히 싸울 수 없도록 만든다"라고 하였다.

「군쟁(軍爭)」편은 실제 전투 방법에 관한 내용이다. 주요 내용으로 "고지에 진을 치고 있는 적을 향해 나아가지 말고, 등 뒤에 구릉을 두고 있는 적을 맞지 말라. 거짓으로 달아나는 적을 추격하지 말고, 정예한 적을 향해 공격하지 말라. 미끼로 유인하는 적을 먹기 위해 공격하지 말라"라고 하였다.

「구변(九變)」편은 변칙에 대한 임기응변과 유불리 조건에 관한 내용이다. 주요 내용으로 "지혜로운 자의 생각에는 반드시 이로운 점과 해로운 점을 고려한다. 이로운 점을 충분히 고려하면 하는 일에 믿음을 가질 수 있고, 해로운 점을 충분히 고려하면, 우환을 미리 풀 수 있다"라고 하였다.

「행군(行軍)」편은 행군과 주둔 시 유의해야 할 사항에 관한 것이다. 주요 내용으로 "병사들과 아직 친하지 않았는데도 벌을 주면 복종하지 않게 되고, 복종하지 않으면 쓰기 어렵다. 병사들과 이미 친해졌는데도 벌을 행하지 않으면 역시 쓰기 어렵다"라고 하였다.

「지형(地形)」편은 지형의 이해이다. 주요 내용으로 "부하 보기를 어린 아기 보듯 하라. 그리하면 더불어 깊고 험한 골짜기도 들어간다. 부하 보기를 사랑하는 자식 같이 하라. 그리하면 가히 더불어 죽기까지 한다"라고 하였다. 또 "적과 나를 알면 승리는 위태하지 않고, 천시와 지리까지 알면 승리는 가히 온전해진다"라고 하였다.

「구지(九地)」편은 지형의 이용에 관한 내용이다. 주요 내용으로 "망할 처지에 던져 넣어야 그 후에 살아날 길이 열리고, 죽을 땅에 빠뜨려야 그 후에 살아날 길이 열린다. 무릇 병사들이란 해로운 처지에 몰아넣어야 비로소 승패를 건 용감한 싸움을 하게 되는 것이다"라고 하였다.

「화공(火攻)」편은 화공의 원칙과 방법에 관한 내용이다. 주요 내용으로 "화공에는 다섯 가지가 있는데, 첫째는 사람을 태우는 것이고, 둘째는 군수물자를 태우는 것이고, 셋째는 수레를 태우는 것이고, 넷째는 창고를 태우는 것이며, 다섯째는 적의 부대를 태우는 것이다. 화공을 행하는 것에는 반드시 조건이 있다. 불을 지피려면 불쏘시개가 있어야 하고, 불을 내는 적당한 시기가 있으며, 불을 일으키는 적당한 날이 있어야 한다. 적당한 시기란 기후가 건조한 때를 말하고, 적당한 날이란 달이 기(箕), 벽(壁), 익(翼), 진(軫)의 별자리에 있을 때를 말한다. 이 네 개의 별자리는 바람이 일어나는 날이다"라고 하였다.

「용간(用間)」편은 간첩의 이용에 관한 것으로서 정보의 중요성을 얘기하고 있다. 주요 내용으로 "서로 대치하여 지키기를 수년을 하다가, 단 하루의 승리를 다투게 되는데 간첩에게 주는 자금을 아낀다고 해서 적의 정세를 알지 못한 채 전쟁에 임한다면, 이는 백성과 병사의 고통을 무시하는 불인이다. 이러한 자는 병사의 장수가 될 자격이 없고, 임금을 보좌할 만한 자가 아니며, 승리를 획득할 주인이 될 자격이 없다"라고 하였다.

4. 다섯 가지의 덕목과 위험

손자는 「시계」 제1편에서 장수가 가져야 할 덕목으로 "지(智), 신(信), 인(仁), 용(勇), 엄(嚴)"을 들고 있다. 이를 '오덕(五德)'이라 부른다.

첫 번째 자질은 '지(智)'이다. 장수가 "사람들의 마음의 변화를 잘 알고, 일의 변화 방향을 내다본다"는 의미를 가졌다. 이를 위해서는 많이 알아야 하기 때문에 장수는 많이 보고 듣고 생각하고 연구하고 공부해야 한다고 강조하였다.

두 번째 자질은 '신(信)'이다. '신'은 믿음이다. 장수는 따르는 사람들에게 믿음을 주어야 하는데, 이를 위해 장수가 먼저 모범을 보여야 하고, 말과 행동이 일치해야 하며, 상을 줄 때와 벌을 줄 때가 분명해야 한다는 것이다.

세 번째 자질은 '인(仁)'이다. '인'은 '남을 사랑하는 마음'이다. 장수가 부하들과 함께 배고픔과 목마름을 알고 노고를 함께 하는 것이다. 즉 장수가 부하를 극진하게 돌보고 동고동락을 함으로써 신뢰를 받는다는 것이다. 대표적인 사례가 전국시대의 오기(吳起)이다. 오기는 "자기 부하의 종기를 입으로 빨았다"는 '연저지인(吮疽之仁)'의 고사를 남겼다.

네 번째 자질은 '용(勇)'이다. '용'은 '용기'를 말한다. 기회를 보면 즉시 행하고, 적을 만나면 두려움 없이 즉시 싸워야 한다는 것이다.

다섯 번째 자질은 '엄(嚴)'이다. '엄'은 '엄격함'을 말한다. 장수가 군을 다스림에 있어 정돈되어 있어야 하고, 장수의 명령에 일사불란(一絲不亂)하게 하나같이 행동하게 하는 것이다.

한편 「구변(九變)」편에는 '다섯 가지 위험'을 '오위(五危)'라고 하였다. "무릇 이 다섯 가지는 장수의 허물이고, 용병에 있어 재앙이다.

군대를 무너뜨리고 장수를 죽이는 것은 반드시 '오위' 때문이니 살피지 않을 수 없다"고 하였다. 주요 내용을 살펴보면 다음과 같다.

첫째, '필사가살(必死可殺)'로, "반드시 죽고자 하면 죽을 수 있다"는 의미이다. 여기서 뜻하는 '필사'는 '무모하게 죽음에 뛰어드는 경우'를 말한다. 즉, "무모하게 싸우는 자는 죽는다"라는 의미를 내포하는 것으로, 오자(吳子, 오기)의 『오자병법(吳子兵法)』에 나오는 '필사즉생(必死卽生)'과 반대되는 내용이다.

둘째, '필생가로(必生可虜)'로 "반드시 살고자 하면 포로가 될 수 있다"는 의미이다. 『오자병법』에 나오는 '행생즉사(倖生卽死)'와 대조된다.

셋째, '분속가모(忿速可侮)'로, "화를 내어 서두르면 업신여김을 당한다"는 뜻으로 졸속으로 생기는 위험을 지적한 것이다.

넷째, '염결가욕(廉潔可辱)'으로 "청렴하고 결백하면 모함을 당한다"는 말은 "지나치게 청렴함을 내세우는 경우"를 지적한 것이다. 지나치게 청렴결백하면, 주변 사람들로부터 모함을 당할 수 있다는 것이다.

다섯째, '애민가번(愛民可煩)'으로 "백성을 사랑하면 번민을 하게 된다"는 의미이다. 백성을 지나치게 아끼면 번거로워질 수 있다는 것이다.

제4장 묵자(墨子)에게서 겸애를 배우다

1. 영화 <묵공>

　　〈묵공(墨攻, Battle Of Wits)〉(2006)이라
는 영화가 상영되면서, 묵가사상을 접
할 수 있게 되었다. 영화 속에서 묵가사
상의 핵심이라 할 수 있는 '겸애(兼愛)'
와 '비공(非攻)'이 언급되어지고 있다.
영화에서 주인공 혁리(유덕화 분)와 일
렬(판빙빙 분)의 대화, 혁리와 노예와의
대화 속에서 '겸애'에 담긴 의미를 생각
하게 한다. 묵가사상이 소재가 되어 영
화로 제작된 것은 〈묵공〉이 최초이다.

춘추전국시대에 등장하였던 묵가사상은 명(明)대 이전까지 중국에서는 잘 거론되지 않았고 청(淸)대에 와서야 관심을 받게 되었다. 그러다보니 유가나 도가 및 법가에 비해 많은 사람들이 묵가사상에 대해 잘 알지 못하였다.

〈묵공〉은 홍콩의 영화감독 장즈량(張之亮)에 의하여 제작 발표되었다. 장즈량은 1990년대 중반 홍콩에서 번역되어 출판된 만화『묵공』을 읽고 감명을 받아 영화로 만들고자 기획하였다. 만화『묵공』은 일본 작가 모리 히데키(森秀樹)의 작품이다. 그리고 만화『묵공』은 사케미 켄이치(酒見賢一)의 소설『묵공』을 만화화한 것이다. 장즈량은 만화『묵공』을 출판한 일본의 종합 출판사인 소학관(小學館)과 판권계약을 성사시켰다.『묵공』에서 '묵'은 묵가사상의 '묵'이다. 보통 '묵수(墨守)'라고 말하는데, 여기서는 반대의 개념인『묵공』이라는 제목으로 만들어졌다.

〈묵공〉은 2006년에 제작된 한중일 합작영화이다. 한국의 이주익 대표와 일본인 프로듀서 이세키 사토루(Satoru Iseki)가 원작을 읽고 장즈량 감독과 함께 제작을 결심하였다. 한국의 보람영화사, 중국의 화이 브라더스, 일본의 NDF, 홍콩의 콤스탁이 1600만 달러의 예산을 4등분 해 제작하였다. 주요 배우로는 홍콩의 유덕화, 한국의 안성기와 최시원, 중국의 왕쯔원(王志文)과 판빙빙이 출연하였다.

〈묵공〉은 제목부터 묵가의 전쟁에 관한 입장을 표방하고 있을 뿐만 아니라, 그 내용 역시 묵가의 철학사상을 반영하고 있다. 〈묵공〉은 전국시대를 배경으로 하였다. 그리고 '비공'과 '겸애'의 묵가 사상을 바탕으로, 조나라의 10만 대군에 맞서 묵가 혁리가 인구 4천의 연나라 양성을 지키는 것을 주요 내용으로 한다.

묵가가 주장하는 '비공'에 담긴 의미는 "침략전쟁을 반대"하는 것이다. 묵가의 입장에서 볼 때 공격전쟁은 "자기-자가-자국"의 이익과 부강만을 도모하는 것이기 때문에 정의롭지 못한 행위로 평가된다. 묵가가 '비공'을 주장하는 이유는 침략전쟁의 위해 때문이다. 전쟁 중에는 부녀자를 포함한 노약자들이 요행으로 재난을 피하기가 어렵다. 〈묵공〉에서도 조나라의 10만 대군이 양성을 침공하였다가 5천 명의 군사가 죽는다. 그 가운데는 불가피하게 죽은 자들도 있지만 자신의 원수를 갚기 위해 한풀이의 대상으로 도륙된 자들도 많다.

〈묵공〉에서 혁리가 조나라 대장군 항엄중과 만나 '모의전투'를 벌이는 장면이 등장한다. 이것은 묵자와 초나라의 공수반(公輸盤) 사이에 있었던 모의전투의 상황을 재현한 것이라 볼 수 있다.

2. 절대적 사랑을 강조한 묵자

묵자(墨子, BC476?~BC391?)는 춘추시대 말기와 전국시대 초기 송나라 사람이다. 일설에는 로양인(魯陽人) 혹은 등국인(滕國人)이라고 한다. 본명은 묵적(墨翟)이다. 묵자의 선조는 은나라 왕실로 송나라 군주인 송 양공(襄公)의 형인 목이(目夷)의 후손이다. 목이는 송 양공의 대사마였는데, 후대에 와서 평민으로 강등되었다.

묵자는 중국 역사상 유일한 농민 출신의 철학자이다. 평민인 묵자는 소년 시절에 목동 일을 하였고, 목공을 배웠다. 사람들로부터 '포의지사(布衣之士)'라 불렸다. 『사기』에서는 "묵자가 송나라 대부(大夫)를 지낸 적이 있다"고 기록하고 있다.

묵자는 묵가학파의 창시인이다. 그리고 전국시기의 저명한 사상가·교육가·과학자·군사가였다. 묵자가 과학자라는 것은 2016년 8월

16일 세계 최초의 양자통신실험위성(QUESS)의 이름을 묵자호(墨子號)라고 부른 것에서도 알 수 있다.

묵가는 유가와 함께 '현학(顯學)'이라고 병칭된다. 핵심 사상은 '겸애'이고, 묵자 사상은 『묵자』에 전한다. 묵자의 '묵(墨)'은 '검다'는 뜻이다. 여기서 '묵'은 두 가지로 해석된다. 첫 번째는 '묵자의 피부색이 검었다'는 것이고, 두 번째는 '묵자가 이마에 먹을 새기는 형벌인 묵형(墨刑)을 받았다'는 것이다. 피부가 검다는 것은 햇볕에 살갗이 탔다는 것인데, 이는 묵자가 직접 노동을 하는 농민이었을 것으로 추정한다. 두 번째로 '묵형을 받았다'는 것으로 해석하더라도 당시 묵형을 받은 범죄자들은 하층민이거나 하층민으로 떨어졌다는 것을 생각할 때 묵자는 하층민의 신분으로서 살았을 수도 있다.

3. 묵자와 묵가에 대한 기록

묵자에 대한 기록은 여러 서적에서 발견된다. 먼저 사마천의 『사기』 「맹자순경열전」 끝에 "묵적은 송나라 대부로 수비에 뛰어나고 절용을 강조하였다. 어떤 이는 묵자가 공자와 같은 시대에 활약하였다고 한다. 어떤 이는 공자 뒤에 활약하였다고 한다"라고 하며 간략하게 소개되고 있다.

산둥성 텅저우(藤州)시에 묵자기념관이 세워져 있다. 기념관 정문에는 묵자의 반신상이 세워져 있고, 기념관의 성적청 벽면에 묵자성적도(墨子聖迹圖)가 그려져 있다. 모두 62개 장면으로 되어 있는데, 묵자와 관련된 전설, 그리고 다른 책에 등장하는 묵자의 사적을 그림으로 풀이하고 있다. 이중 '주유열국(周遊列國)'은 묵자가 수레를 타고 여러

나라를 돌아다니는 장면을 그렸다. 그리고 '송수묵자(宋囚墨子)'는 "묵자가 송나라에 머물 때 정의를 주장하다가 구금되기도 한 내용을 그렸다. '양산관염(梁山觀染)'은 묵자가 제자들과 양산을 거닐다가 염색을 보게 되는 내용을 그렸다.

한편 『장자(莊子)』에서는 묵가의 무리가 "대부분 짐승 가죽옷과 베옷을 입고 나막신이나 짚신을 신고서 밤낮을 쉬지 않았으며, 자신을 고통스럽게 하는 것을 삶의 표준으로 삼았다"는 내용이 나온다.

『여씨춘추(呂氏春秋)』의 기록에 의하면, BC 381년 초나라 양성군(陽城君)의 부탁을 받고 초나라 왕실의 공격에 대항해 성을 수비하던 묵가 학파는 수성에 패하자 집단 자살을 한 것으로 전해진다. 묵가 집단의 거자(巨子)였던 맹승(孟勝)과 그를 따르는 제자 183명이 성 위에 누워 자살하는 비장한 최후를 맞이하였다.

맹승은 "왕실의 공격을 막을 힘도 없고 그렇다고 신의를 저버릴 수도 없다. 죽음으로써 신의를 지킬 수밖에 다른 도리가 없다. 양성군에 대한 나의 관계는 스승이기 이전에 벗이었고, 벗이기 이전에 신하였다. 지금 우리가 죽기를 마다한다면 앞으로 세상 사람들이 엄격한 스승을 구할 때 묵가 학파는 반드시 제외될 것이고, 좋은 벗을 구할 때에도 묵가 학파는 제외될 것이며, 좋은 신하를 구할 때도 반드시 묵가 학파가 제외될 것이다. 우리가 죽음을 택하는 것은 묵가의 대의를 실천하고 그 업을 계승하기 위한 것"이라며 자결하였다.

4. 『묵자』

『묵자(墨子)』는 전국시대 중기에서 후기에 걸쳐 묵가 집단에 의하여 집대성된 것으로 본다. 『묵자』는 묵자를 포함한 묵가 전체의 사유와 논쟁을 기록한 것이다. 『한서(漢書)』「예문지」에 『묵자』 71편이라고 기록되어 있지만, 현존하는 것은 53편으로 절용(節用) 상·중편과 절장(節葬) 상·중편 등의 18편이 빠져 있다.

『묵자』는 3가지 부류로 나눌 수 있다. 첫째, 겸애·비공·천지(天志)·명귀(明鬼)·상현(尙賢)·상동(尙同)·비악(非樂)·비명(非命)·절장(節葬)·절용(節用)의 10편은 묵자의 주요 사상을 대표하고 있다. 둘째, 경주(耕柱)로부터 공수(公輸)에 이르는 각 편은 묵자와 그 제자들의 언행을 기술한 것이다. 셋째, 경(經) 상·하, 경설(經說) 상·하와 대취(大取)·소취(小取)의 6편을 묵변(墨辯)이라고 부른다.

『묵자』의 내용은 크게 다섯 부분으로 나뉜다. 첫 번째는 '친사(親士)'부터 '삼변(三辯)'까지의 7편인데, 묵가의 잡론집이다. 두 번째는 '상현(尙賢)'부터 '비명(非命)'까지의 23편으로 묵가의 주요 사상을 적고 있다. 세 번째는 '경(經)', '경설(經說)', '대취(大取)', '소취(小取)' 6편으로, 말의 개념이나 표현의 논리를 분석한 것이다. 네 번째는 '경주(耕柱)'로부터 '공수(公輸)'까지의 5편인데, 묵자의 언행·사저집으로 공자를 논한 비유(非儒)편도 이 부류에 들어 있다. 다섯째는 '비성문(備城門)' 이하의 11편으로 묵가의 방어전술을 적은 것이다.

묵가 사상을 얘기할 대체적으로 10가지로 구분한다. 10가지는 "상현·상동·겸애·비공·절용·절장·천지·명귀·비악·비명"이다. 이 주제들은 『묵자』를 구성하는 편명이기도 하다.

첫째, 「상현」으로 "현명한 사람을 숭상해야 한다"는 내용이다. 관리의 임용에는 신분·직업에 구애하지 않고 넓게 문호를 개방하여 인재를 구하라고 말하였다.

둘째, 「상동」으로 "윗사람을 높이 받들며 따라야 한다"는 내용이다. 나라의 상하가 일치돼야 하며, 천자가 행하는 것이 하늘의 뜻과 부합되어야 한다는 것이다.

셋째, 「겸애」는 "모든 사람을 차별 없이 사랑해야 한다"는 내용이다. 자국과 타국, 자가와 타가의 차별을 없애고 사람은 널리 서로 사랑하라는 것이다.

넷째, 「비공」은 "전쟁을 금지해야 한다"는 내용이다. 전쟁은 불의이며 백성에게 해로움을 준다고 주장하였다.

다섯째, 「절용」으로 "재정 지출을 절제해야 한다"는 내용이다. 군주의 의례적인 사치에 반대한다는 것이다.

여섯째, 「절장」은 "장례를 간소화해야 한다"는 내용이다. 절용과 마찬가지로 군주의 의례적인 사치에 반대한다는 것이다.

일곱째, 「천지」로 "하늘의 뜻을 따라야 한다"는 내용이다. 하늘(天)을 최고의 존재로 하여 천자(天子) 이하는 이에 순종할 것을 말한 것이다. 하늘이 뜻하는 것은 인간 사회의 정의가 되고, 모든 사람이 따라야 할 규범이 된다고 하였다.

여덟째, 「명귀」로 "귀신이 존재한다는 것을 알아야 한다"는 내용이다. 사람이 죽은 후 영혼의 실재를 강조하여 그 상벌을 두려워하라고 말한 것이다.

아홉째, 「비악」으로 "사치의 상징인 음악을 금지해야 한다"는 내용이다. 궁정음악(宮廷音樂)이 백성의 이익에 배반됨을 말하였다.

열째, 「비명」으로 "주체적 노력에 반하는 숙명론을 거부해야 한다"는 내용이다. 사람의 근면한 영위에 대하여 귀신은 반드시 보상을 준다고 말하였다.

묵자의 사상은 당시 위정자와 맹자 등 유세객들로부터 비판을 많이 받았고 중용되지 못하였다. 그러다보니 따르는 사람들도 많지 않았다. 청대에 들어와 고증학이 출현하면서 묵자의 사상은 재인식되었고, 손이양(孫詒讓)의『묵자한고(墨子閒詁)』와 같은 주석서가 만들어졌다.

『묵자』의 가장 오래된 판본은 명대 정통연간(正統年間, 1436~1449)의『도장본(道藏本)』과『연성관(燕城館)』활자본이다. 현재 통용되고 있는 교주본(校注本)은 청대 손이양의『묵자한고』이다. 이밖에 오육강(吳毓江)의『묵자교주(墨子校注)』와 고형(高亨)의『묵경교전(墨經校詮)』등이 있다.

묵가는 침략전쟁은 반대하였지만, 침략을 받은 나라를 도와주는 전쟁은 반대하지 않았다. 묵가의 전쟁술을 보면 주로 방어술이다. 몇 가지를 살펴보면 다음과 같다.

첫째, 비성문(備城門)이다. 성문을 수비하기 위한 방어책이다. 둘째, 비고림(備高臨)이다. 흙을 높이 쌓아 성의 높은 곳에서 적군을 막아내는 방어책이다. 셋째, 비제(備梯)이다. 사다리가 달린 수레로 성을 공격해오는 적군을 막아내는 방어책이다. 넷째, 비수(備水)이다. 성을 공격해 오는 적군을 물로써 방어하고 물리치기 위한 방어책이다. 다섯째, 비돌(備突)이다. 성문을 뚫고 침입하는 적군을 막아내기 위한 방어책이다. 여섯째 비혈(備穴)이다. 땅굴을 파서 성을 침공하는 적군을 막아내기 위한 방어책이다. 일곱째 비아부(備蛾傅)이다. 수가 많은 적군이 성벽을 기어오르며 공격하는 것에 대한 방어책이다.

5. 『묵자』의 주요 내용

『묵자』는 '비공', '겸애', '교리(交利)' 세 가지 가치의 상호 순환구조 속에서 공동체의 질서와 조화를 도모할 수 있다고 보았다. 전쟁이 민생파괴와 폭력을 낳았고, 이로 인해 계급구도가 강화되는 현상이 나타났는데, 이를 없애기 위해 묵자가 제안한 것이 '공격 금지(非攻)', '서로 사랑하기(兼愛)', '상호이익의 도모(交利)'이다. 『묵자』에 나와 있는 묵가의 주요 내용을 살펴보면 다음과 같다.

「비악」에서는 궁정음악이 백성의 이익에 배반됨을 말하였다. 전국시대의 전쟁은 토지와 생산력을 높이는 데 절대적으로 필요한 인구를 차지하기 위한 약탈 전쟁이며, 천하의 패권을 쥐기 위한 겸병전쟁이었다. 묵자는 당시의 민생 파탄을 '삼환(세 가지 환난)'이라는 말로 요약한다.

백성에겐 3가지 근심이 있다. 굶주린 자가 먹을 것이 없고, 추위에 떠는 자가 옷이 없고, 지친 자가 쉴 곳이 없는 것이다. 3가지는 백성의 커다란 근심이다.

「겸애」에서는 국가와 집안을 차별하지 말고 사람을 사랑하라는 게 주된 내용이다.

천하 사람들이 겸하여 서로 사랑하게 되면 다스려지고, 서로 미워하게 되면 어지러워진다. 그래서 묵자께서는 "남을 사랑하라고 권하지 않을 수가 없다"라고 하였다.

「절용」에서는 군주의 의례적인 사치를 반대하였다. 묵자는 귀족계급의 사치스런 생활에 대해 "남의 입고 먹을 재물들을 강탈하는 것"이라고 비판하고 있다. 그리고 "음식은 영양을 섭취할 정도로 적당하게, 옷은 추위와 더위를 가릴 수 있을 정도, 집은 이슬비와 바람과 추위를 막을 수 있는 정도에서 그쳐야 한다"고 주장하였다.

성인이 한 나라의 정치를 하면, 그 나라의 이익을 배로 늘릴 수 있다. 그것을 확대하여 천하를 정치하면, 천하의 이익을 배로 늘릴 수 있다. 배로 늘린다는 것은 밖에서 땅을 빼앗아 늘리는 것이 아니다. 그 국가의 사정에 따라 쓸데없는 비용을 없애 배로 늘리는 것이다. 성왕(聖王)의 정치는 명령을 발하고 사업을 일으키며 백성들을 부리고 재물을 사용하는 데 있어서 보태서 하는 일이 없다. 그러므로 재물을 사용하는 데 있어서 낭비가 없고, 백성들은 고생하지 않을 수 있으며, 이익은 늘어나게 될 것이다.

사람들이 옷을 만들어 입는 이유는 무엇인가? 겨울에는 추위를, 여름에는 더위를 막기 위함이다. 옷이란 겨울에는 따뜻하도록 하고, 여름에는 시원하도록 만들어야 하는 것인데, 화려하기만 하고 사용하는데 쓸모가 없으면 없애 버려야 한다. 사람들이 집을 지은 이유는 무엇인가? 겨울에는 바람과 추위를, 여름에는 더위와 비를 막기 위함이다. 또 도둑이 침입할 것을 대비해서 더욱 튼튼하게 짓는다. 그러므로 화려하기만 하고 사용하는데 쓸모가 없으면 없애 버려야 한다.

영화 〈묵공〉을 보면 '절장'과 관련된 얘기가 나온다. 「절장」편에서는 군주의 의례적인 사치를 반대하고 있다. 묵자는 군주가 성대한 장례와 오랜 기간의 상을 지내면 국가는 반드시 가난해지고, 백성들의 수는 줄어들 것이라고 비판하고 있다. 그 내용을 살펴보면 다음과 같다.

성대하게 장례를 치르고 오랫동안 상을 입는 것을 볼 때, 어느 것이 앞에서 얘기한 세 가지 이익인가? 나는 만약에 그의 말을 본받고 그의 계책을 써서 성대하게 장사를 지내고 오랫동안 상을 입는 것이 정말로 가난한 이를 부유하게 하고, 적은 식구를 많게 하며 위태로운 것을 평정하게 할 수 있다면 이것이 인이고 의이다. 효자의 일이 될 것이다. 사람들에게 권하지 않을 수 없을 것이다. 어진 사람이라면 천하에 흥하게 하고 제도로서 백성들에게 그것을 칭송하게 하고 폐지하는 일이 없을 것이다. 역시 그의 말을 법으로 삼아 그의 계책을 채택하여 성대하게 장사 지내고 오랫동안 상을 입는데도 사실 가난을 부유함으로 바꾸지 못하고, 적은 식구를 많게 하지 못하며, 위태로운 것을 평정시키지 못한다. 이는 인도 아니고 의도 아니며 효자의 일도 아니다. 남을 위해 도모하는 사람이라면 그것을 막지 않으면 안 될 것이다. 인자라면 천하에 없애도록 해야 할 것이다. 폐지하여 그것을 평생 동안 행하지 않도록 해야 할 것이다. 이런 까닭에 천하의 이익을 일으키고 천하의 해악을 제거하고도 나라와 백성들을 다스리지 못했던 일은 옛날부터 지금까지 없었다.

「천지」에서는 하늘은 천하의 지배자이기 때문에 하늘이 뜻하는 대로 본받고 따라야 한다고 강조한다.

하늘은 무엇을 원하고 무엇을 싫어하는가? 하늘은 의를 원하고 불의를 싫어한다. 그렇다면 천하의 백성들을 이끌고 의에 종사한다는 것은 하늘이 원하는 일을 행하는 것이 된다.

「비공」에서는 침략전쟁의 참혹상을 말하고 있다. 이는 영화 〈묵공〉에서도 잘 나타나고 있다. 묵자는 침략전쟁의 참혹상에 대해서 "남의 나라 변경에 침입하여 곡식을 마구 베어버리고 수목을 자르며, 성곽을 허물고, 도랑과 못을 메우고, 희생을 멋대로 잡아 죽이며, 조상의 사당을 불태워 버리며, 백성들을 찔러 죽이고 노약자를 넘어뜨린다"고 하였다.

지금 한 사람이 있어 남의 과수원에 들어가 그 복숭아와 오얏을 훔친다면, 많은 사람들이 듣고는 곧 그것을 비난하고, 위에서 정치를 하는 사람이 그를 잡으면 처벌할 것이다. 이것은 무슨 까닭인가?

남한테 손해를 끼치고 자신의 이익을 취하였기 때문이다.

남의 개나 돼지, 닭, 돼지새끼를 훔친 자에 이르러서는, 그 불의함이 남의 과수원에 침입하여 복숭아나 오얏을 훔친 것보다 심하다. 이는 무슨 까닭인가?

남에게 손해를 끼친 게 더욱 심하기 때문이다. 남에게 해를 끼치는 일이 더 심하다면, 그의 어질지 못함도 더 심하고, 죄는 더욱 커진다.

남의 마구간에 들어가 남의 말이나 소를 훔친 경우에는, 그의 어질지 못함이 남의 개나 돼지, 닭, 새끼돼지를 훔친 것보다 더욱 심하다. 이는 무슨 까닭인가?

남에게 손해를 끼친 게 더욱 심하기 때문이다. 남에게 손해를 끼침이 더욱 컸다면, 그 어질지 못함도 더 심하고 죄는 더욱 커진다.

죄 없는 사람을 죽이고 그의 옷을 빼앗고 그의 창과 칼을 빼앗는 경우에는, 그 불의함이 마구간에 들어가 남의 말이나 소를 훔친 것보다 더욱 심하다. 이는 무슨 까닭인가?

남에게 손해를 끼친 게 더욱 심하기 때문이다. 남에게 손해를 끼침이 더욱 컸다면, 그 어질지 못함도 더 심하고, 죄는 더욱 커진다.

이런 경우 천하의 군자들이 모두 잘못되었을 알고 의롭지 못하다고 말한다. 그런데 지금 남의 나라를 공격하는 것에 대해서는 비난할 줄을 모르고 이를 쫓아 칭송을 하며, 의롭다고 말한다. 어찌 의(義)와 불의(不義)의 구분을 안다고 말할 수 있겠는가?

「상동」에서는 나라의 상하가 일치해야 하고 천자가 행하는 것이 하늘의 뜻과 부합되어야 한다고 하였다.

천하가 어지러운 까닭은 정장(正長)이 없기 때문이다. 그러므로 천하의 현명하고 옳은 사람을 골라 천자로 삼는다. 그런데 천자가 세워 나라를 다스렸지만, 그의 힘만으로는 부족함이 있었다. 다시 천하의 현명하고 옳은 사람들을 골라 삼공(三公)으로 삼아 천자를 돕게 하였다. 천자와 삼공이 이미 세워졌어도 천하는 넓고 크기 때문에, 먼 나라와 다른 마을의 백성들의 옳고 그름과 이해관계의 분별을 하나하나 명백하게 알 수 없다. 그래서 여러 제후국으로 나누어 제후와 왕을 세웠다. 제후와 왕이 세워졌어도 그들의 힘만으로는 부족함이 있었다. 그래서 다시 그 나라의 현명하고 옳은 사람들을 골라 정장(正長)으로 삼았다.

「상현」에서는 역사적인 사례를 들면서 출신과 신분을 배격하고 어질고 능력 있는 인사를 중용해야 함을 강조하였다.

그러므로 옛 성왕들은 어진 이를 존중하여 능력이 있는 자에게 관직을 주었다. 부형과 같은 사람이라도 무리 짓지 않았고, 부귀한 사람에게 편들지 않았다. 아첨하는 낯빛도 총애하지 않았다. 오직 현자만을 등용하여 높은 자리에 올려 주고, 부유하고 귀하게 해주면서, 관직의 우두머리로 삼았다. 불초한 자라면 직위를 폐하여 가난하고 천하게 하여 부역에 동원하였다. 그리하여 백성들에게는 모두 그 상을 받기 위해 힘을 썼고, 벌을 두려워하게 하여 서로 이끌어 현자가 되게 하였다. 그리하여 현자는 많아지고 불초자는 적어지게 되었다."

제5장 귀곡자(鬼谷子)와 세상을 논하다

1. 드라마 〈모성 귀곡자〉

2002년에 우바오궈(伍保國)가 제작한 드라마 〈모성 귀곡자(謀聖 鬼谷子)〉는 귀곡자의 인생을 다룬 드라마인데, 여러 가지 이유로 제1부 16집만 방영되었다.

2014년에 제작된 드라마 〈모성 귀곡자〉는 52부작으로, 톈진쭝헝바이허문화미디어(天津縱橫捭闔文化傳媒有限公司)가 투자하고, 베이징 푸저바오룬영상문화커뮤니케이션(福澤寶潤影視文化交

流)이 제작하였다.

한국 케이블 CHING에서 2019년부터 2020년까지 방영하였다. 채
널 관계자는 "전국시대라는 난세를 살아가는 인물의 깊이 있는 캐릭
터와 섬세한 감정선 묘사가 매력적인 작품"이라고 평하였다.

왕선을 소재로 한 역사드라마인 〈모성 귀곡자〉는 천하를 통일하고
평화로운 세상을 만들기 위해 귀곡동에 은거한 후 인재를 양성하는
주인공 왕선의 고군분투와 성장기를 그렸다. 그리고 개혁과 노예제
폐지를 위해 일생을 바친 귀곡자의 일대기를 다루었다.

드라마 마지막에 노쇠해진 귀곡자가 많은 제자들을 가르치는 장면
이 나오는데, 이때 내레이션이 나온다. 귀곡자는 "이 혼란을 해결하는
방법은 천하 통일밖에 없다"라고 생각하였다는 것이다. 그래서 귀곡
자의 사상은 여러 제자들을 거쳐 진나라의 통일로 이어지게 되었다는
설명이다.

줄거리는 다음과 같다.

전국시대, 천하를 통치하던 주 왕조가 쇠퇴하자 위, 촉, 한을 필두로
각 제후들이 궐기해 천하의 패주 자리를 놓고 각축을 벌인다. 끝없는
전란으로 백성은 도탄에 빠지고, 위나라 재상 왕착(王錯)은 백성을 구
하기 위해 노예제 폐지를 추진하며 각국의 노예와 천민의 지지를 받
는다. 하지만 집권세력은 이런 왕착을 눈엣가시로 여기고 예수영을
조직해 왕착과 그의 가족을 몰살한다.

왕착의 하녀 종평은 왕착의 아들 왕선(王禪)을 데리고 시골로 도망
을 가 신분을 숨기고 왕선을 키운다. 하지만, 왕착의 절친인 사태호는
왕착의 유지를 잇기 위해 왕선을 데려가려 하고, 이 와중에 예수영의
추격으로 종평이 희생된다.

왕선은 복수를 꿈꾸며 난세를 살아가는 여러 인물과 만나 인연을

쌓는다. 뛰어난 심리술과 『손자병법』을 토대로 한 병법으로, 새로운 세상을 만들기 위해 노력하던 왕선은 운몽산의 '귀곡'이란 곳에 은거한 후, 천하를 통일하고 평화로운 세상을 만들기 위한 인재를 양성하고, 사람들은 왕선을 존경하는 의미로 '귀곡자'라 부르게 된다.

2. 종횡가의 비조 귀곡자

귀곡자는 BC 4세기에 전국시대를 살았던 인물로 종횡가(縱橫家)의 비조라 불리는 사상가이다. 역사에 기록된 귀곡자는 허난성 운몽산의 귀곡동에서 은거하여 '귀곡 선생'으로 불렸다. 귀곡자는 종횡가에 속하는 소진과 장의의 스승으로, 이름과 성씨 및 향리까지 모두 알 수 없지만, 전설에 따르면 성(姓)은 왕(王)씨고 이름은 후(詡)로, 제(齊)나라 (일설에는 초나라) 사람이라 전해진다. 왕선(王禅)이라고도 한다.

귀곡자의 제자 중 유명한 인물은 합종연횡(合從連衡)으로 유명한 소진(합종설)과 장의(연횡설)이다. 소진과 장의는 당시 전국 시기를 정치적으로 연합하고 흩어지게 만든 외교술의 달인이다. 귀곡자의 다른 제자 중 한 명인 손빈(孫臏)은 병성 손무의 자손으로 『손빈병법』의 저자이다. 그 밖에 방연(龐涓)과 범려(范蠡)도 귀곡자의 제자로 알려져 있다. 손빈과 방연이 귀곡자의 제자였다는 설은 『손방연의(孫龐演義)』에 나와 있다. 귀곡자는 정치가로서의 자질이 있고, 외교가로서의 기술을 지녔으며, 예언가의 기질도 갖고 있어 사람들은 그를 기재(奇才), 혹은 전재(全才)라고 한다. 그의 저서 『귀곡자』는 『패합책(捭闔策)』이라고도 부른다.

3. 귀곡자 사상

『귀곡자』는 전국 시기의 '모성 귀곡자(謀聖 鬼谷子)'라 불리는 왕선의 주요 작품이라 전해지고 있다. 『귀곡자』는 총 14편이다. 그 중 13편과 14편은 실전되었다. 일설에는 21편 혹은 17편이라고 말한다. 『귀곡자』 판본으로는 매양 참조하는 게 도장본(道藏本)이며 그 외에 가경(嘉慶) 10년 강도진씨(江都秦氏) 간본(刊本)도 요긴하게 이용된다.

『귀곡자』는 총 60구로 구성되어 있고, 약 10,000자이다. 그런데 『귀곡자』를 지은 사람이 누군가에 대해서는 의견이 분분하다. 귀곡자라는 설, 귀곡자의 제자인 소진이라는 설, 그리고 육조시대의 일을 꾸미기 좋아하는 사람의 설 등이 있다. 현존하는 형태로서의 책은 육조시대 사람이 귀곡자의 이름을 가탁해 엮은 것으로 추정하고 있다.

전국 시기에 책략가들이 군주를 비롯한 권력자에게 자신의 의견을 피력하여 관철시킬 때, 실패하지 않고 성공할 수 있도록 한 내용이 담겨 있다. 상대방의 심리를 읽어 내고, 설득과 협상을 통해, 자신에게 유리한 상황으로 이끄는 방법, 문제가 발생하였을 때 크게 벌어지지 않도록 하는 방법 등을 담고 있다.

귀곡자는 책략가들에게 상대의 속셈을 알아차린 뒤 대화를 이끌면서 자신이 원하는 목적을 달성하는 유세를 하라고 말하고 있다. 이때 음모도 하나의 기술로 제시되고 있다. 여기서 음모란 주변 사람들이 눈치 채지 못하도록 은밀하게 진행하는 것을 말한다. 상대방의 속셈을 읽는 것이 매우 중요하다고 강조하고 있다. 눈에 보이지 않는 것을 읽을 줄 알아야 한다고 말하고 있다.

『귀곡자』의 제1편은 「패합(捭闔)」, 제2편은 「반응(反應)」, 제3편은 「내건(內揵)」, 제4편은 「저희(抵巇)」, 제5편은 「비겸(飛鉗)」, 제6편은 「오합

(忤合)」, 제7편은 「췌(揣)」, 제8편은 「마(摩)」, 제9편은 「권(權)」, 제10편은 「모(謀)」, 제11편은 「결단(決篇)」, 제12편은 「부언(符言)」이다. 실전되었다는 제13편은 「전환(轉丸)」이고, 제14편은 「거란(胠亂)」이다.

귀곡자의 「반응」편에 "상대방의 말을 듣고 싶으면 반대로 침묵하고, 펼치고 싶으면 반대로 움츠리고, 높아지고 싶으면 반대로 낮추며, 얻고 싶으면 반대로 줘라"라는 부분이 있다.

「권(權)」편에서는 "지혜로운 사람과 이야기할 때는 박식함으로 하고, 박식한 사람과 이야기할 때는 명확하게 판단하고, 판단을 잘하는 사람과 이야기할 때는 요점을 집어서 하고, 지위가 높은 사람과 이야기할 때는 권세를 의지해야 한다. 부유한 사람과 이야기할 때는 고상하게 하고, 가난한 사람과 이야기할 때는 이익을 제시하고, 천한 사람과 말할 때는 겸손하게 하고, 용감한 사람과 말할 때는 과감하게 하며, 우둔한 사람과 이야기할 때는 예리함으로 해야 한다. 이것이 언어를 사용하는 방법이다"라고 말하였다.

또 「패합(捭闔)」편에 보면 "패합은 도의 큰 변화이자 말의 변화다. 그 변화를 미리 살피지 않으면 안 된다"라고 하였다. 그리고 "패는 열림·말함·밝음이다. 합은 닫힘·침묵·어둠이다"라고 하였고, 또 "이 천지 음양의 도는 사람에게 유세하는 법이기도 하다"라고 하였다. 이러한 내용 때문에, 사람들은 전국시대 종횡가들의 유세술을 가리켜 전체적으로 '패합(捭闔)'이라 불렀다.

귀곡자에 대해서 사마천과 유협(劉勰, 465~532)은 긍정적으로 평하였다. 특히 유협은 『문심조룡(文心雕龍)·제자(諸子)』에서 귀곡자를 맹자, 장자, 묵자, 신불해(申不害), 상앙 등과 함께 거론하면서 "귀곡은 웅변으로 공을 얻었으며, 지긋하여 매우 오묘한 사상으로 둘러싸여 있다."라고 평하였다.

한편, 귀곡자가 지었다는 『귀곡자』에 대해 당대의 유종원(柳宗元)과 명대 송렴(宋濂)은 부정적으로 평가하였다. 유종원은 『귀곡자』를 위서로 보았다. 또 『변귀곡자(辨鬼谷子)』에서 "『귀곡자』는 그 말이 매우 기괴하고 그 도리가 매우 좁다. 사람을 미치게 하고 원칙을 잃게 한다. 그리고 쉽게 추락할 수 있다."라고 하였다. 송렴은 『귀곡자변(鬼谷子辨)』에서 "대저 『귀곡자』는 모두 패합(捭闔), 구겸(鉤鎌), 췌마(揣摩)의 기술이다. 모두 소인들의 쥐새끼 같은 꾀이다. 집에 쓰면 집안이 망하고 나라에 쓰면 나라가 망하며, 천하에 쓰면 천하를 잃는다."라고 혹평하였다.

참고문헌

〈공자: 춘추전국시대〉

〈공자〉

〈귀곡자〉

〈노자〉

〈대진제국(大秦帝國)〉 시리즈

〈랑야방: 권력의 기록〉

〈무훈전〉

〈묵공〉

〈보보경심〉

〈붉은 수수밭〉

〈손자대전(孫子大傳)〉

〈손자병법(孫子兵法)〉

〈수당연의〉

〈아Q정전〉

〈염석전기〉

〈와신상담(臥薪嘗膽)〉

〈인생〉

〈임가포자〉

〈조씨고아(趙氏孤兒)〉

〈주원장과 유백온〉

〈천하영웅〉

〈치수의 신 이빙(李氷)전기〉

〈풍운전국지열국(風雲戰國之列國)〉

『京本通俗小說』

『鏡花緣』

『今古奇觀』

『老子, 道德經』

『論語』

『聊齋志異』

『封神演義』

『史記』

『山海經』

『三言』

『閱微草堂筆記』

『忠烈俠義傳』

『平妖傳』

『阿Q正傳』

『林家鋪子』

강신주, 『관중과 공자: 패자의 등장과 철학자의 탄생』, 사계절, 2011.
강태권, 『중국·고전문학의 이해』, 국민대학교 출판부, 2000.
고이데 후미이코, 김준영 옮김, 『삼국지 인물사전』, 들녘, 2014.
공봉진·이강인, 『중국 대중문화와 문화산업』, 한국학술정보, 2013.

공원국, 『춘추전국이야기 9: 원교근공』, 역사의아침, 2015.

공자, 차주환 옮김, 『공자의 인생 수업, 논어』, 을유문화사, 2015.

귀곡자, 신동준 옮김, 『귀곡자』, 인간사랑, 2013.

귀곡자, 김영식 옮김, 『귀곡자』, 지식을만드는지식, 2009.

김근배, 『마케팅을 공자에게 배우다: 고전의 지혜로 마케팅의 지평을 넓히
　　　　다』, 리더스북, 2012.

김용식 옮김, 『금고기관』, 미래문화사, 2003.

김욱동, 『우리가 알아야 할 동양고전』, 현암사, 2007.

김인철 외, 『중국고전소설선』, 신아사, 1999.

김종록·황태연, 『공자 잠든 유럽을 깨우다: 유럽 근대의 뿌리가 된 공자와
　　　　동양사상』, 김영사, 2015.

김학주, 『낮은 서민들을 대변하는 묵자, 그 생애 사상과 묵가』, 명문당, 2014.

김학주, 『묵자, 그 생애 사상과 묵가』, 명문당, 2002.

김학주, 『중국 고대문학사』, 신아사, 2000.

김학주, 『중국문학개론』, 신아사, 1989.

남홍석, 『유가와 서번트 리더십』, 동과서, 2015.

노자, 김원중 옮김, 『노자: 버려서 얻고 비워서 채우다』, 글항아리, 2013.

노자, 김학주 옮김, 『노자: 자연과 더불어 세계와 소통하다』, 연암서가, 2011.

노태준, 『도덕경』, 홍신문화사, 2007.

노태준, 『손자병법』, 홍신문화사, 1996.

동아시아연구회, 『새로 보는 중국 역사 인물』, 범원사, 2005.

렁청진, 김영진 옮김, 『치도 2: 병가 종횡가 도가 음양가 불가편(고대 중국
　　　　제왕들의 나라경영 사람경영)』, 세계사, 2005.

렁청진, 김태성 옮김, 『종횡가 인간학』, 21세기북스, 2008.

류어, 김시준 옮김, 『라오찬 여행기』, 연암서가, 2009.

류예, 나진희 옮김, 『묵자경영학』, 에버리치홀딩스, 2007.

모옌, 박명애 옮김, 『홍까오량 가족』, 문학과지성사, 2012.

묵자, 박영하 풀어씀, 『묵자』, 풀빛, 2007.

묵자, 안외순 역해, 『묵자』, 타임기획, 2007.

문성재 옮김, 『경본통속소설(京本通俗小說)』, 문학과지성사, 2013.

박기봉 역주, 『교양으로 읽는 논어』, 비봉출판사, 2000.

박영호 역저, 『노자』, 두레, 2001.

배계, 김장환 옮김, 『어림(語林)』, 지식을만드는지식, 2011.

비탈리 에이 루빈, 임철규 옮김, 『증국에서의 개인과 국가: 공자, 묵자, 상
　　　앙, 장자의 사상 연구』, 율하, 2007.

사마천, 연변대학 고적연구소 옮김, 『사기열전』, 서해문집, 2006.

사식, 김영수 옮김, 『청렴과 탐욕의 중국사』, 돌베개, 2007.

사정·진혜·곽진, 『종횡가적 지혜』, 조선, 1994.

상앙, 신동준 옮김, 『상군서: 부국강병의 공격경영 전략서』, 인간사랑, 2013.

샹루, 황보경 옮김, 『노자, 상생경영을 말하다』, 평단문화사, 2013.

서진수, 『고전에서 배우는 리더십』, 미디어숲, 2009.

선한승, 『중국 3천년 역사에서 배우는 리더십의 지혜』, 나남, 2010.

손무, 이규호 옮김, 『손자병법: 세상을 건너는 지혜의 징검다리』, 문예춘추
　　　사, 2016.

손자, 김원중 옮김, 『손자병법: 시공을 초월한 전쟁론의 고전』, 휴머니스
　　　트, 2016.

손자, 박승섭 옮김, 『손자병법: 지피지기 콘서트』, 시와사상사, 2016.

송철규, 『중국문학 교실 셋째권: 근대부터 현대 문학까지』, 소나무, 2008.

송철규, 『중국문학 교실 첫째권: 신화부터 당나라 문학까지』, 소나무, 2008.

신동준, 『무경십서 1 손자병법 오자병법: 중국의 모든 지혜를 담은 10대

병법서』, 역사의아침, 2012.

신동준, 『욱리자: 한 수 앞을 읽는 처세의 미학』, 위즈덤하우스, 2015.

신동준, 『인으로 세상을 경영하라 공자처럼: 적도 내 편으로 만드는 사람
　　　경영법』, 미다스북스, 2015.

신동준, 『철두철미한 시스템의 힘 상군서』, 위즈덤하우스, 2015.

양비 편저, 노은경 옮김, 『(그림으로 읽는) 중국고전』, 천지인, 2010.

엄영욱, 『중국 문학의 여행』, 국학자료원, 2005.

우종철, 『중국 4천년 역사를 이끈 포용의 리더십: 중국사를 뒤바꾼 명군과
　　　명참모』, 승연사, 2010.

위화, 백원담 옮김, 『인생』, 푸른숲, 2007.

유기, 신동준 옮김, 『욱리자』, 인간사랑, 2014.

유기, 오수형 옮김, 『욱리자』, 궁리출판사, 2003.

유기, 강정만 선역, 『울리자』, 주류성, 2012.

윤대식, 『상앙』, 신서원, 2020.

윤미영, 『중국 역사와 영화의 만남』, 한국학술정보, 2006.

이강식, 『도덕경의 경영학』, 환국, 2002.

이경은, 『도덕경으로 읽는 리더십』, 밀알, 2015.

이국희, 『도표로 이해하는 중국문학개론』, 현학사, 2005.

이나미 리츠코, 이목 옮김, 『중국 문학의 파노라마 2: 나관중에서 루쉰까지』,
　　　웅진지식하우스, 2012.

이남곡, 『논어 사람을 사랑하는 기술』, 휴, 2012.

이병희, 『도덕경: 노자가 주는 같음과 다름의 철학』, 답게, 2014.

이수광, 『세상을 뒤바꾼 책사들의 이야기』, 일송-북, 2002.

임건순, 『묵자, 공자를 딛고 일어선 천민 사상가』, 시대의창, 2015.

장개충 편저, 『사마천 사기열전』, NC미디어, 2014.

장석만 역주, 『귀곡자』, 자유문고, 2016.

전영돈, 『다스림의 미학으로 본 노자 도덕경』, 굽은나무, 2011.

최진석, 『생각하는 힘, 노자 인문학: EBS [인문학 특강] 최진석 교수의 노
　　　자 강의』, 위즈덤하우스, 2015.

포옹노인, 『금고기관』, 지식을만드는지식, 2012.

한상영, 『도덕경 삶의 경계를 넘는 통찰』, 지식공감, 2012.

화탁수 편저, 강지연·전인경 옮김, 『한권으로 읽는 중국명저』, 생각하는백
　　　성, 2006.

후웨이훙·왕따하이, 최인애 옮김, 『노자처럼 이끌고 공자처럼 행하라: 세
　　　상이 바라는 무위와 유위의 리더십』, 한스미디어, 2011.

劉鶚, 『老殘游記』, 中州古籍出版社, 1995.

楊潤根, 『發現 論語』, 華夏出版社, 2003.

"지금은 인문경영 시대…공자 '무위이치'가 경영의 핵심",
　　　http://www.etoday.co.kr/news/section/newsview.php?idxno=1325329

27강 『손자병법』과 핵심 리더십
　　　http://www.vietnamwar.co.kr/technote6/board.php?board=pakks2
　　　&page=4&indexorder=2&command=body&no=28

고전적 손자병법 리더십과 현대적 번즈의 교감적 개혁리더십
　　　http://khdi.or.kr/ver2/system/bbs/board.php?bo_table=good&wr_i
　　　d=310&page=34

공자 리더십의 유형
　　　http://blog.naver.com/PostView.nhn?blogId=cti0908&logNo=22034
　　　6129873

공자리더십 5덕목

http://cafe.daum.net/recyoga/A1cR/645?q=%B0%F8%C0%DA%B8
%AE%B4%F5%BD%CA

공자와 리더십_ 삼성CS아카데미 CS교육 & 서비스교육 이야기 정보창고

http://blog.naver.com/PostView.nhn?blogId=samsungcsa&logNo=2
0169534439

동양고전해제집

http://db.cyberseodang.or.kr/front/sabuList/BookMain.do?bnCode
=jti_5a1001&titleId=C257&compare=false

원교근공(遠交近攻)=중국과는 적대하고 미국과는 친선관계

http://gall.dcinside.com/board/view/?id=news2&no=59499

한국화맹칼럼(77회) 공자의 리더십과 인간경영

http://cafe.daum.net/k-oca/cdt7/83?q=%B0%F8%C0%DA%B8%A
E%B4%F5%BD%CA

"世紀文學60家"魯迅第1，賈平凹第6高于巴金郭沫若，有何依据

https://baijiahao.baidu.com/s?id=1667488759982034654&wfr=spid
er&for=pc

『時務十八策』－劉基

http://www.360doc.com/content/12/0428/09/45040_207204598.shtml

2019全國國民閱讀調查報告權威發布

https://www.sohu.com/a/389793816_100016145https://www.sohu.
com/a/389793816_100016145

2020年度十大作家排行榜：梁鴻上榜，第十最爲通透

https://www.phb123.com/renwu/zuojia/48017.html

經典老電影 ≪武訓傳≫(1950年出品)

https://v.youku.com/v_show/id_XMzAyOTE3NjMwMA==.html

古文典籍目錄

> http://www.gushiwen.org/guwen/guanzi.aspx?WebShieldDRSession
> Verify=4yJO1vRJgnO4tC3r7mFB

鬼谷子(縱橫家代表著作『鬼谷子』)

> https://baike.baidu.com/item/%E9%AC%BC%E8%B0%B7%E5%A
> D%90/130566?fr=aladdin

其于部分·編年紀 https://so.gushiwen.org/guwen/bookv_6575.aspx

呂氏春秋 http://so.gushiwen.org/guwen/book_44.aspx

廉石

> http://baike.baidu.com/link?url=yaIfxh3LrHIOZaiGAeDlPUJN8eR3
> D4X44ofru7VcC4Y8LKsdkJn01K1MLlkI0bwY

老子 http://so.gushiwen.org/guwen/book_28.aspx

老子傳奇

> https://baike.baidu.com/item/%E8%80%81%E5%AD%90%E4%BC
> %A0%E5%A5%87/1488254?fr=aladdin

老子韓非列傳 http://so.gushiwen.org/guwen/bookv_150.aspx

老殘游記 https://www.kanunu8.com/files/old/2011/2525.html

論語 http://so.gushiwen.org/guwen/book_2.aspx

論語

> http://so.gushiwen.org/guwen/book_2.aspx?WebShieldDRSessionVe
> rify=tfVIoCNGrbA8Ucvu3yiy

劉伯溫 http://www.zhlsw.com/new_page_344.htm

劉伯溫的幾個預言 http://tieba.baidu.com/p/1802069931

陸建初, "清華簡『傅說之命』亞證『孔傳』爲眞本—后記於『尚書史詩考全編』"

> http://www.guoxue.com/?p=7243

陸績

    http://baike.baidu.com/link?url=9MwnLI0qBgTbc2s-BR0uqa5czyL

    DeiKB6skl9aHCAt9FBCaFWv_fC56E8Vn_NeT3P1P_GExqUzS3dTG

    -pcItVa

毛主席痛批≪武訓傳≫: 揭其拍攝與被禁內幕

    http://m.people.cn/n4/2017/0725/c677-9396262.html

武訓: 中國歷史上以乞丐身份被載入正史的唯一一人

    https://baijiahao.baidu.com/s?id=1671300532883184361&wfr=spid

    er&for=pc

武訓傳

    https://baike.baidu.com/item/%E6%AD%A6%E8%AE%AD%E4%B

    C%A0/1873557?fr=aladdin

墨子 http://so.gushiwen.org/guwen/book_29.aspx

範雎蔡澤列傳 http://so.gushiwen.org/guwen/bookv_166.aspx

史記 http://so.gushiwen.org/guwen/book_5.aspx

山東安徽三地爭西門慶故里 惡霸變成產業英雄

    http://news.iqilu.com/shandong/kejiaoshehui/20100504/232288.shtml

商君列傳 http://so.gushiwen.org/guwen/bookv_155.aspx

商君書 http://so.gushiwen.org/guwen/book_42.aspx

尙書 http://so.gushiwen.org/guwen/book_22.aspx

商書·說命上 http://so.gushiwen.org/guwen/bookv_3101.aspx

商書·說命中 http://so.gushiwen.org/guwen/bookv_3102.aspx

商書·說命下 http://so.gushiwen.org/guwen/bookv_3103.aspx

燒餅歌全文: 劉伯溫的『燒餅歌』及其詳解(图文)

    https://www.ixinwei.com/2018/07/06/94932.html

孫子兵法 http://so.gushiwen.org/guwen/book_3.aspx

孫子吳起列傳 http://so.gushiwen.org/guwen/bookv_152.aspx

宋史解密：爲何趙普得到宋朝前兩任皇帝的重用？

　　　　http://www.qulishi.com/news/201502/27963.html

宋朝宰相趙普半部『論語』治天下

　　　　http://www.lsgushi.com/gushi/mingren/1061.html

睡虎地秦墓竹簡 https://www.gushiwen.org/guwen/shuihu.aspx

神算軍師劉伯溫的"曠世預言"！

　　　　http://bbs.tiexue.net/post_8956746_1.html?s=data

郁離子(明代劉基著書)

　　　　http://baike.baidu.com/item/%E9%83%81%E7%A6%BB%E5%AD
　　　　%90/2860400

張儀列傳 http://so.gushiwen.org/guwen/bookv_157.aspx

諸葛亮－劉伯溫最著名的四大預言

　　　　https://www.douban.com/note/218440411/

第三回 胡黠兒村裏鬧貞娘 趙大郎林中尋狐跡

　　　　http://www.guoxue123.com/xiaosuo/0000/sspyz/002.htm

第十六回 六千金買得凌遲罪 一封書驅走喪門星

　　　　https://www.kanunu8.com/files/old/2011/2525/74754.html

第十七次全國國民閱讀調查主要發現

　　　　http://www.chinawriter.com.cn/n1/2020/0420/c403994－31680689.html

趙普 http://www.5011.net/zt/zhaopu/

中國全民閱讀網 http://www.nationalreading.gov.cn/ReadBook/index.shtml

仲尼弟子列傳 http://so.gushiwen.org/guwen/bookv_154.aspx

平妖傳(明代羅貫中，馮夢龍著長篇小说)

https://baike.baidu.com/item/%E5%B9%B3%E5%A6%96%E4%BC%A0/82142?fr=aladdin

韓寒郭敬明首次躋身"十大作家"

https://yule.sohu.com/20080422/n256439214.shtml

韓寒郭敬明入選"我最喜愛的作者"前十　冰心落選

https://news.ifeng.com/c/7fYQPQW4SKF

懷橘

http://baike.baidu.com/link?url=JkBuaFuArlOWtRPUI5frzeUa1urw4sc90uzz58XYU1YDgMUKnvTezpZgvSdGEkJO

김진영: 부산외국어대학교에서 1984년부터 중국어과에서 재직하였고, 현재 G2 융합학과 교수로 재직 중이다. 서울대학교 중어중문학과를 졸업하였고, 동대학교 대학원에서 중국문학 박사 학위를 취득하였다. 주요 저서로는 『오위업시선』, 『왕사정시론연구』, 『중급중국어』(공저), 『중국 강남 문학의 지역 특성』 등이 있고, 주요 논문으로는 「왕사정의 시를 통해본 왕조교체에 대한 그의 입장」, 「왕사정의 신운설」, 「淸代詩 傳統序說」, 「옹방강의 어양신운설비평」, 「崔述의 [讀風偶識] 小考」 등이 있다.

최성경: 경남정보대학교에서 비즈니스외국어계열 중국어전공 교수로 재직 중이다. 경남정보대학교 부총장을 역임하였다. 영남대학교에서 박사학위를 취득하였다. 주요 활동으로는 한국HSK실시위원회 부울경 본부장, 영남중어중문학회, 한국현대문학회 회원 등이다. 주요 저서로는 『무역중국어』, 『관광중국어』 등이 있고, 주요 논문으로는 「1940년대 중국 현대시의 고독과 절망의식 연구」, 「호적 신시의 공간구조 분석」, 「중국의 신시혁명과 공안파의 영향」, 「中國 新詩에 있어 西歐의 影響」 등이 있다.

서재선: 케이씨(KC)대학교에서 G2빅데이터경영학과 중국어트랙 교수로 재직 중이고, 도서관장을 역임하고 있다. 대만 동오대학(東吳大學)

중문연구소에서 문학석사와 문학박사 학위를 취득하였다. 주로 중국고대문자학과 문자와 연관된 고대문화를 중점적으로 연구하고 있다. 주요 논문으로는 「≪說文解字≫에서 본 원시 중국고대 건축의 구성요소:기둥을 중심으로」, 「한자 속에서 나타난 중국고대 숫자문화」, 「한자를 통해 본 고대 중국인의 색채와 염색문화 탐구: ≪說文解字≫絲部를 중심으로」, 「≪說文解字≫에서 본 원시 고대 건축 형태: 穴居, 巢居 형태 위주로」, 「한자 속에서 나타난 중국고대 숫자문화」, 「秦漢시기 貨幣에 나타난 篆文자형 분석」 등이 있다.

공봉진: 부산외국어대학교 G2융합학과와 부경대학교 중국학과 강사로 재직하고 있다. 부경대학교에서 국제지역학 박사학위를 취득하였다. 중국 민족·정치·사회·문화 등에 관심이 많고, 중국 민족정체성에 주된 관심을 갖고 있다. 중국 민족·정치·문화 등을 주제로 한 책과 논문을 집필하고 있다. 주요 저서로는 『중국지역연구와 현대 중국의 이해』, 『중국공산당 CCP 1921~2011』, 『시진핑 시대, 중국 정치를 읽다』, 『중국민족의 이해와 재해석』, 『차이나 컨센서스』(공저), 『중국 대중문화와 문화산업』(공저), 『한 권으로 읽는 중국문화』(공저), 『중국문화의 이해』(공저), 『중국 발전과 변화! 건국 70년을 읽다』(공저)등이 있다.

이강인: 현재 부산외국어대학교 글로벌비즈니스대학 교수로서 중국 복단대학교에서 중국 현당대문학의 화극과 영화를 전공하였다. 부산대학교와 부경대학교에서 연구원으로 중국문학과 영화를 연구하였다. 그리고 한국시민윤리학회의 이사와 국제지역통상연구원 연구원으로 중국 지역 연구에 연구 영역을 넓혔으며, 현재 중국영화와 중국 정치에 관한 논문에 집중하고 있다. 주요 저서로는 『중국 대중문화와 문화산업』(공저), 『중국지역문화의 이해』(공저), 『중국 현대

문학작가 열전』(2014), 『21세기 중국! 소통과 뉴 트렌드』(공저), 『중국문화의 이해』(공저), 『중국 문학의 감상』(공저) 외 다수가 있다. 그리고 논문으로는 「학교장치에서 보이는 영화 〈로빙화〉의 교육－권력과 〈책상서랍 속의 동화〉의 규율: 권력의 의미적 탐색」, 「중국 문학과 노벨문학상의 의미적 해석: 가오싱젠과 모옌을 중심으로」, 「TV드라마에서 보여지는 중국 도시화에 따른 문제들에 대한 小考」 외 다수가 있다.

박미정: 부산외국어대학교 스마트자산경영학과 강의초빙교수로 재직하고 있으며, 중국 지역학을 전공하였다. 중국 사회·지역·환경·에너지 분야에 관심이 많으며, 관련 연구를 진행 중이다. 주요 저서로는 『韓中수교 20년(1992~2012)』(공저), 『시진핑시대의 중국몽』(공저), 『21세기 중국! 소통과 뉴 트렌드』(공저), 『중국 지역발전과 시진핑시대』(공저), 『한중 지방외교와 지역발전』(공저), 『중국 개혁개방과 지역균형발전』(공저) 등이 있고, 주요 논문으로는 「중국 신재생에너지산업의 발전 동향 및 정책에 관한 연구」, 「중국의 대기오염 감축을 위한 자동차구매제한정책의 실효성에 관한 고찰」 등 다수가 있다.

조윤경: 중국 중앙민족대학에서 석·박사 학위를 취득하였다. 민족학을 전공하였으며, 소수민족의 문화·예술 등에 관심을 가지고 연구하였다. 부산외국어대학교와 동서대학교, 경남정보대학교 등에서 외래교수를 역임하였다. 주요논저로『한 권으로 읽는 중국문화』(개정본, 공저), 『21세기 중국! 소통과 뉴 트렌드』(공저), 『시진핑 시대의 중국몽』(공저), 『중국 지역발전과 시진핑시대』(공저), 『한중 지방외교와 지방발전』(공저), 『중국 개혁개방과 지역균형발전』(공저) 등, 「동북아시아 곰신화·곰전설의 연관성에 관한 연구」, 「한국과 몽골의

세시풍속 비교연구」, 「동북공정 논쟁 이후의 한중 양국의 인식차이에 대한 비교연구」 등이 있다.

장지혜: 주식회사 다문화인재양성센터 글로벌문화교육연구소 연구소장 겸 대원대학교 항공서비스과 강사로 지역학 중 중국 통상분야를 전공하였다. 경성대학교 중국대학 중국통상학과 조교수를 역임했다. 대중국투자와 통상정책, 중국 산업/기업 및 마케팅 분야에 관심이 많다. 현재는 중국 e커머스 시장 마케팅과 4차 산업 이후 변화된 중국 교육 정책 및 산업과 관련해 연구 중에 있다. 주요 저서로는 『현대중국사회: 10개의 시선 하나의 중국』(공저), 『중국지역발전과 시진핑시대』(공저), 『한중 지방외교와 지역발전』(공저), 『중국 개혁개방과 지역균형발전』(공저), 『중국 발전과 변화! 건국70년을 읽다』(공저) 외 다수가 있으며, 논문으로는 「중국의 WTO분쟁사례연구: 중국의 WTO분쟁사안에 대한 종합평가 및 한국에의 시사점」, 「A Comparative Study on the Symbolic Meaning and Metaphors of the Korean, Chinese, and Indonesian 'dog' Proverbs」, 「포스트 코로나 시대 중국 신유통 현황과 대응사례 분석: 신선식품 O4O 대표기업 허마셴성과 세븐프레쉬를 중심으로」 등이 있다.

[지 은 이]

김진영(부산외국어대학교 G2융합학과 교수)
최성경(부산경남정보대학교 비즈니스외국어계열 중국어전공 교수)
서재선(케이씨(KC)대학교 G2빅데이터경영학과 중국어트랙 교수)
공봉진(부산외국어대학교 G2융합학과, 부경대학교 중국학과 강사)
이강인(부산외국어대학교 글로벌비즈니스대학소속 교수)
박미정(부산외국어대학교 스마트자산경영학과 강의초빙교수)
조윤경(전 부산외국어대학교 강사)
장지혜((주)다문화인재양성센터 글로벌문화교육연구소 연구소장 겸 대원대학교 항공서비스과 강사)

중국 문화콘텐츠에서 문사철(文史哲)을 읽다

© 김진영·최성경·서재선·공봉진·이강인·박미정·조윤경·장지혜, 2021

1판 1쇄 인쇄__2021년 09월 05일
1판 1쇄 발행__2021년 09월 10일

지은이__김진영·최성경·서재선·공봉진·이강인·박미정·조윤경·장지혜
펴낸이__양정섭

펴낸곳__경진출판
　　　　등록__제2010-000004호
　　　　이메일__mykyungjin@daum.net
　　　　사업장주소__서울특별시 금천구 시흥대로 57길(시흥동) 영광빌딩 203호
　　　　전화__070-7550-7776 **팩스**__02-806-7282

값 13,000원
ISBN 978-89-5996-827-5 93000